康德政治哲學講座

完整理解漢娜鄂蘭的最後一塊拼圖

漢娜鄂蘭從中挖掘出康德未曾展開的政治哲學——「判斷」

HannahArendt
漢娜·鄂蘭——著

羅納德·拜納——編著　楊德立、李雨鍾——譯

LECTURES ON KANT'S POLITICAL PHILOSOPHY

目次

THE LIFE OF THE MIND

Part III

JUDGING

Victrix causa diis placuit sed victa Catoni

Könnt' ich Magie von meinem Pfad entfernen,
Die Zaubersprüche ganz und gar verlernen,
Stünd' ich Natur vor Dir, ein Mann allein,
Da wär's der Mühe wert ein Mensch zu sein.

〈判斷〉原本應該是漢娜．鄂蘭（Hannah Arendt）《心智生命》（*The Life of the Mind*）中的第三部分，也是最後一部分。然而，她實際完成的僅僅是標題頁，連同兩段引文，在她去世後不久，在打字機中被發現。

【專文推薦】

鄂蘭對康德美學的創造性轉化

國立政治大學政治學系副教授
葉浩

本書始於《心智生命》下卷的附錄。鄂蘭在完成以「思考」（thinking）為主題的上卷之後，計畫於下卷處理「意志」（willing）和「判斷」（judging）這兩種心智能力，但最後決定讓後者單獨成冊，惟她在尚未進入正文之前即心臟病發離世，僅留下了兩段引文作為開端。因為鄂蘭此前曾在社會研究新學院（New School for Social Research）開過一門「康德政治哲學」課程且聚焦於判斷，該書編輯瑪麗．麥卡錫（Mary McCarthy）擷取了該課程的部分講稿作為附錄，讓不熟悉鄂蘭在其他著作如何談論判斷的讀者能對她可能如何撰寫該議題有初步的概念。《康德政治哲學講座》則是加拿大政治哲學學者羅納德．拜納（Ronald Beiner）在力排眾議之下，從鄂蘭的講稿及學生課堂筆記所編輯而成。職是之故，這並非一本論證嚴謹的著作，而是一份頗能反映鄂蘭授課時偶有頓挫又靈光乍現的講稿。

不意外，那也某程度反映了編者的個人判斷。也因此，當我們從內文中察覺出來些許的思想矛盾時，應當謹記那並不一定是鄂蘭本人的問題。抑或，她本人將會如何處理看似矛盾之處或可能與其他文本相違的某些論點，讀者難以鐵口直斷。

當然，這也留下了讓人代答或進行詮釋的空間。而這正是本書之所以能在出版之際引發多方討論的原因。鄂蘭研究圈子肯定是其中一方。姑且不論細節，她底下的主要論點是：康德的《判斷力批判》雖然是以美感及判斷力為主題，但那其實是一套隱藏版的政治哲學，畢竟，他指出審美判斷是以他人也在場為預設的一種判斷，旨在以不強迫且無需爭執的方式來說服他人或獲取他人贊同，因此算是一種假定有客觀性的個人主觀判斷，而這不折不扣具備了鄂蘭長久以來所認為的「政治性」——亦即，人的複數性、多元觀點以及毫無強制力，更不參雜暴力的一種溝通方式。換言之，審美的屬性本身以及共識的取得方式，都是一種涉及多人（不管在場是不是真的有他人）的協力合作。

尤須注意的是，鄂蘭也在此一方面將康德的「擴大心靈」（enlarged mentality）概念連結中世紀神學概念「*sensus communis*」（共通感），主張人可藉換位思考來理解他人想法並擴大自己的心胸及視野，既能讓自己更融入社群共感，又可讓社群共感的內涵更加包容；另一方面則將此一想法接軌她在《人的條件》所強調，人們賴以進行是非、對錯、善惡、好壞乃至美醜等各種判斷所仰賴的「常識」（common sense），從而讓任何一個社會此時視為常理的想法都有改變可能，或必須予以捍衛才不至於崩壞的時候。

鑑於鄂蘭向來堅稱政治是一獨特的領域，有其內在邏輯，因此不該拿外在於它的理念、理想作為標準來評斷政治活動中的言行，以上兩點讓有些論者質疑她是否犯了一個領域邏輯誤用，或說混淆了審美活動與政治活動的錯誤。此外，因為本書格外在意「觀察者」（spectator）角度之於客觀判斷的重要性，亦有論者認為，那豈不暗指真正的客觀判斷者不該採取行動？倘若如此，那鄂蘭若非存在思想矛盾，就是她放棄了呼籲多年的外顯政治行動，轉向了他人看不見得內在心智生命。

筆者以為，上述常見問題其實都能在鄂蘭其他文本內找到適切的回應方式。關鍵在於她如何理解判斷與思考、意志的關聯性。事實上，本書論及的康德如何以觀察者的身份來判斷法國大革命，其實符合了鄂蘭所主張，行動者本人往往不清楚自身的角色扮演及行動的意義。換言之，唯有事後或他人才能看清。因此，觀察者角度不一定是指「袖手旁觀」，而是「旁觀者清」。此外，如果我們在閱讀本書時能更留心鄂蘭提及「判斷」時究竟是一種能力／官能（faculty）、心智活動過程或是作為一種判斷結果，甚至是她偶爾會使用它來指涉的社會共感或一個社會認定的常理，那某些看似矛盾之處或許可迎刃而解。

值得一提的是，於一九八二年問世的本書也一度引起過英語世界康德學者的討論。此前，《判斷力批判》只有貝爾納（J. H. Bernard）和梅雷迪斯（James Creed Meredith）分別於一八九二及一九一一年出版的英譯本，認真對待者更是寥寥無幾，遑論將它視為一本政治哲學著作。鄂蘭的詮釋於是成了一種創見。雖然多數康德學者並不同意，過去二十年來關於《判斷力批判》的二手文獻鮮少會提及鄂蘭，但每隔一段時日仍有學者會指出她的詮釋對進一步理解康德思想體系的貢獻。而本書所提到用來當作對照組的康德其他著作，例如他的《永久和平》，也因為鄂蘭的詮釋而重獲重視，從及康德研究的邊緣逐漸來到核心。

另一方面，受到鄂蘭指出美學（aesthetics）與政治存有一種內在關聯性的啟發者，不乏進一步投入研究「美感」對政治的重要性或藝術乃至審美價值觀本身極具政治性者。致力於研究藝術如何為人民或統治者服務的「美感政治」，關切不同政治體制（或民粹），又例如法西斯政權或黨國體制，乃至不同的領導風格（例如親民或故作親民的民粹主義）者則走向了「政治美學」。試圖藉此來建構一種所謂「鄂蘭式政治美學」，然後將它接軌政治思想史上的共和主義（republicanism）傳統，甚至以此作為新的一種共和主義基礎來挑戰稱霸多年的自由主義典範。

筆者深信，本書會持續啟發新一代的讀者來探究其理論意涵，正如鄂蘭重新詮釋康德甚至挪用了康德美學概念來討論政治那樣。惟，此時的焦點不在康德，也不是《判斷力批判》，而是如何創造性轉化鄂蘭的思想。

【譯者導讀】

判斷力與想像力：鄂蘭的康德詮釋

德國柏林自由大學哲學及人文科學博士
楊德立

關於鄂蘭判斷力理論的發展，以及她轉向對康德哲學的來龍去脈，編者羅納德．拜納的〈漢娜鄂蘭論判斷〉（李雨鍾譯）已有詳述。在這篇短導讀裡，筆者只粗略討論以下兩點：

一，鄂蘭的康德詮釋有何獨特之處？如何為其定位？

二，鄂蘭的詮釋帶出怎樣的論域？

鄂蘭的康德詮釋有何獨特之處？如何為其定位？

鄂蘭的講座從一個難題開始：是否真有一種康德的政治哲學？若有，其文獻及理論基礎又在何處？她隨即提出一個備受爭議的觀點：若要從康德諸多哲學著作中，提煉出一種康德的政治哲學，其核心應在其判斷力理論，而《判斷力批判》則順理成章，成為當中最重要的文獻及理論基礎。

這觀點之所以備受爭議，是因為在康德研究者圈子裡，一般會以康德的道德哲學（如《道德底形上學之基礎》、《實踐理性批判》），以及有關法律及權利哲學的著作（如《永久和平》、《道德底形上學》等）為其政治哲學的核心。這些作品共同構成的論域，以一般的語言表達，即是關於「應然」如何介入「實然」世界的過程，這是一種「由上而下」的關係——由超感性世界的律則，落實到感性世界的實踐過程。

然而，鄂蘭並不以道德的基礎能力「意志」（Wille）——或稱實踐理性（praktische Vernunft）——而是以「判斷力」（Urteilskraft）作為康德政治哲學的根基，除顯示出異於普遍康德學者的洞察力，也符合她意圖建構自身論說的野心。如拜納點出，「判斷」（judging）是鄂蘭預定在《心智生命》第三部分的討論核心。雖然她未及完成這三部曲的最後一部，但可合理預期，當中的內容和論說方向，會跟《康德政治哲學講座》大同少異。順此看來，若讀者懷疑鄂蘭會否為了遷就自身論說，「挪用」（appropriate）了康德的想法，未有「如實」詮釋康德哲學，會產生這種想法也並非毫無道理。

鄂蘭的工作能否算是成功的「康德詮釋」（Kantdeutung）？判斷之先，應先區分相關詮釋為那一類型的康德詮釋，再釐定相應的標準，才不致構成無謂爭辯。筆者曾經提出一種分判不同類型康德詮釋的標準，例如我們可將之分成為「康德主義者」（Kantianer，與康德的基本哲學立場與價值一致者，著重發掘康德的「原意」）、「康德繼承者」（Kantnachfolger，意圖自康德哲學內部出發，「繼承與發展」康德的理論）、「康德詮釋者」（Kantdeuter，通過跟康德哲學「對話」，在解讀過程裡發展自身議題的理論者），並因應解不同類別，定立不同的評價標準。[1]當分辯出某作者的立論傾向後，可相應調節對該評論的側重點。例如海德格明顯不是康德主義者，就不必期待其詮釋會以維護康德精神為目的，因此亦不必過度糾纏在其詮釋「暴力」（海德格用語）是否歪曲了康德「原意」等問題，轉而把注意力投放在其創造性的部分。

從鄂蘭的工作來看，她是「康德主義者」和「康德詮釋者」的結合。從擁抱人道主義，重視自由，以及人類整體的多元性及可溝通性等方面，她都抱有跟康德一致的價值傾向。然而，她並不以解讀出康德的「原意」為首務（當然，在理論爭辯裡，一定程度符合「原意」

1 參見Tak-Lap Yeung, *Einbildungskraft als Orientierungskraft - Neuinterpretation der phänomenologischen Kant-Deutung Heideggers*, Martin-Heidegger-Gesellschaft Forschungsreihe, vol. 1. Baden-Baden: Academia Verlag, 2020, p. 75-6.

仍是必要），而是要發掘（auslegen）康德哲學中，能跟其晚年意圖完成的判斷力理論有機結合的部分。因此我們可看到，在圍繞康德的文本作解說外，她也大量引用古希臘哲學家的觀點，以陶鑄一種非主流的康德解讀；另外，她也順著過去在《人的條件》（*The Human Condition*）提出的「行動生命」（vita activa）與「沉思生命」（vita contemplativa）概念，發展出屬於「行動者」（actor）與「觀察者」（spectator）的判斷理論，讓其一直在建構的政治哲學理論，有了更深一層意義。

鄂蘭的詮釋帶出了怎樣的論域？

到講座後期，鄂蘭將注意力都集中到「想像力」（imagination）與「共通感」（sensus communis）之上，這是其康德詮釋難以忽視的特徵。

事實上，想像力在康德哲學的角色，遠比鄂蘭在講座所談及的更複雜難解。她的分析主要集中在想像力的「再—現」（re-present）功能，在論及想像力的綜合（Synthesis）與提供統一（Einheit）功能，以及在圖式程序（Schematismus）中的角色時，是過於簡化甚至有所混淆；另外，她也未有像海德格在《康德及形上學問題》（*Kant und das Problem der Meta-*

physik）般，把想像力詮釋成人作為時間性存在的根源，讓想像力的地位變得無與倫比，而「僅僅」將想像力視為判斷力的必要條件之一。

雖然她的詮釋相對「保守」，但當中仍有一些面向，能發展出甚為有趣的論域。一者，她認為想像力具有為心靈「構圖」的功能，除了能連結圖式（Schema）與圖像（Bild），使得特定心靈能進行判斷，亦是眾多心靈對「同一對象」（即使僅在各自的想像中）得以溝通、討論的基礎。二者，由想像力構成的圖像，跟品味一樣，是先在地有所取捨、有價值取向。

這兩點何以重要？首先，她把想像力連繫到人與人之間的共同感覺之上，為「共通感」的重要性留下伏筆。鄂蘭一直以來討論的判斷力，都是廣義的判斷力，但在《判斷力批判》中，康德實際在討論的，是跟認知和道德兩種「決定性判斷力」不同的「反省性判斷力」，而這是一種「由下而上」、由特殊到普遍的思想過程。在反省性判斷力中，共通感之所以重要，是因為吾人面對特殊對象、卻要作出一種普遍的判斷，需要預設某種共同前提才能進行——人際間具有共同的感覺是可能的。若沒有這樣的預設，一切具審美特質的判斷，都會缺乏溝通的基礎，而政治的判斷力，亦同樣如是。

鄂蘭詮釋的想像力，包含了構作具溝通性與及內含價值的圖像的能力，恰好說明，為何表面上主觀且排他的品味判斷，早已包含著必要的「共通感」，也同時說明了，康德後來提出「永久和平」這類政治的想像，何以必須跟（反省性）判斷力掛勾。

想像力帶來了還是限制了自由？鄂蘭思想的兩重根源

當如我們如此理解想像力與判斷力的關係，讀者或許會馬上追問：那想像力到底是為我們提供了自由，還是限制了我們的自由？

在鄂蘭的詮釋裡，想像力在判斷力中變得不可或缺，而有趣的是，由這種神秘能力主導的判斷，似乎具有特定的價值、文化和歷史定向（orientation）。例如當要判斷某位人物是否符合「英雄」之意，這時在我們心靈中再現出的「圖像」，會是位男性還是女性？外型是年青還是成熟老成？從英雄的概念圖式，落入到特定的英雄圖像這過程——鄂蘭本人就以「阿基里斯」為例——想像力早已在「構圖」的過程裡，從無數的可能性裡挑選出某個符合個別心靈品味的圖像，這似乎可算是一種「前選擇」（pre-selection）。由想像力為我們作出的前選擇，又是否可算是一種前判斷（pre-judgment）？若存在某種先於反省的前判斷，是否意味著判斷的絕對起點並不存在，人的自主性（Spontaneität）亦當受質疑？

若單純從一位康德主義者立場出發，人的自主性斷不能交托給想像力，而只能歸於實踐理性，亦即能下達道德律令的意志。但若摻雜了康德詮釋者的視角，鄂蘭所思索的自由，就不會僅屬必須符合邏輯、純然道德層面的自由，而是定必關連到活在特定處境、受不同歷史和文化影響、札根在不同社群裡的「存在者的自由」。

這種一方面重視人的自主性，同時也重視處境的實況性與有限性的判斷力理論，可說揉合了康德與海德格的思想特色。然而，這兩種異質思想所構成的內在張力，鄂蘭又會如何化解？這道問題，讀者宜在閱讀本書後多加思索。而筆者總結鄂蘭在本書表現出的精神，或許多少能為這道思考題，提供某些方向：

憑著想像力，與及從你的社群裡建立出的共通感，為著過去與未來，以你獨有的判斷力，作出在世與當下的判斷。

不逃避！

【譯者導讀】

爭議中的鄂蘭遺產

國立臺灣師範大學哲學學程兼任助理教授
李雨鍾

漢娜鄂蘭從來不乏爭議，生前如此，死後亦然。有的人在世時特立獨行、爭議不斷，過世之後就很快寂寂無聞、遭人遺忘。鄂蘭本人不憚於置身輿論風暴的核心，而從一九七五年逝世至今的這五十年間，她的思想仍持續激發一輪接一輪的論戰，表明其影響力只增不減。

讀者眼前的這本《康德政治哲學講座》，就是鄂蘭留給後世的一份具有高度爭議性的遺產，有兩個原因讓它備受矚目卻又眾說紛紜。第一，鄂蘭晚年致力於發展一套有關「判斷」的理論，而且原本要構成其最後著作《心智生命》的最終卷，可惜她在正要動筆之際就溘然長逝；本講稿被認為是有可能最接近鄂蘭想要發展的判斷理論模型的文獻，然而作為非正式出版的課程講稿，其完整性與成熟性仍不無疑問。第二，如講稿編者羅納德・拜納所指出的，講座中呈現的有關「判斷」的想法，有可能與鄂蘭前期其他著作的立場存在張力，進而引發如何定位此種晚期判斷理論的疑難，這對於後世詮釋者來說是很大的挑戰。

雙重重構：鄂蘭的康德詮釋與拜納的鄂蘭詮釋

這份講稿之所以能夠出版並持續引發討論，編者拜納實在功不可沒。早在一九八二年，距離鄂蘭過世才不過數年的時候，拜納就在不被看好的逆境下，獨力說服了鄂蘭遺囑執行人瑪麗．麥卡錫。經過仔細的編輯整理，拜納出版了鄂蘭一九七〇年講授於美國社會研究新學院的課程講座，並撰寫了長篇解說文〈漢娜鄂蘭論判斷〉作為本書附錄。筆者負責翻譯的這篇編者解說長達六萬字，篇幅幾乎與講座原文相當，但它如今已成為講座不可分割的一部分，我們甚至很難繞開它來理解講座本身。不過這樣說並不意味著我們要對拜納的長文照單全收，而毋寧說該文恰恰構成了爭議的起點，是推動我們進一步思考講座意義的起點，而非終點。

且讓筆者先簡要介紹一下鄂蘭的講座本身的主要內容，再來分析講座與拜納長文的關係。首先，雖然名為「康德政治哲學講座」，不過鄂蘭所要討論的卻不是通常意義上的、或說康德自己認知的政治哲學，而是她在康德著作裡重新發現的，康德本人都未曾意識到的政治哲學。確切來說，鄂蘭是將向來歸屬於美學範疇的康德《判斷力批判》的第一部分，重新詮釋為一種政治哲學，將（狹義的）美學意義上的判斷力扭轉為政治意義上的判斷力。

那麼這種重新詮釋如何可能，鄂蘭是強行以自己的理解來改造康德的原意嗎？實際上，鄂蘭在講稿中並沒有直接進入對《判斷力批判》的詮釋，而是極富策略性地調動了三大批判外的眾多康德作品，建構出一個徘徊於「行動者」（actor）立場與「觀察者」（spectator）立場之間的另類康德[1]，再順著「觀察者」的線索導向《判斷力批判》中屬於觀眾，而非作者的品味判斷問題。鄂蘭詮釋工作的關鍵在於，康德哲學原本的先驗色彩被大大削弱，審美判斷中基於主體先天能力的普遍有效性，被轉化成訴諸公共可溝通性的一般有效性。姑且不論鄂蘭的詮釋本身是否能夠說服康德學者，這一重釋、乃至重構的操作過程，都是極為精彩的思辨之旅，絕對值得讀者跟著鄂蘭一起出發。

如果說鄂蘭所闡釋的康德政治哲學，乃是她調動康德其他著作而重新詮釋的康德，那麼拜納對鄂蘭的詮釋，就是他調動鄂蘭其他著作，重新對鄂蘭的康德詮釋所進行的再詮釋。換

1 筆者個人比較傾向於將"spectator"譯為「旁觀者」或「觀看者」，不過這裡仍尊重本書主譯楊德立的考量，統一譯作「觀察者」。

言之，本書包含著雙重重構：鄂蘭的康德講座是第一層的重構，而拜納的解說長文則是第二層的重構。那麼為什麼拜納不憚於將自己置於鄂蘭面對康德的類似位置上呢？這裡首先有個非常合理的原因，就是鄂蘭畢竟沒來得及針對「判斷」主題寫下完整的定論，而康德講座也僅僅是她遺稿中被認為最具相關參考性的文獻而已，因此我們有必要更廣泛地在鄂蘭的著作中探索「判斷」問題的發生線索，這樣似乎才有可能更充分地理解她本會如何完成「判斷」理論。

一如鄂蘭對康德的重新詮釋，拜納長文的大部分篇幅都不是直接針對康德講座的分析，而是對鄂蘭的其他著作進行了廣泛而深入的考察。這同樣是一趟精彩的旅程，無論讀者是否熟悉這些著作，都能夠在拜納的細緻梳理下，從多種角度、不同問題架構來思考「判斷」的意義；尤其是，我們將會看到鄂蘭對「判斷」問題的思考，與她所經歷的兩個最重要的真實經驗，亦即面對極權主義災難與見證艾希曼審判都息息相關。

不過正如拜納在文中第一節就指出的，他在整體考察鄂蘭著作時發現了一個頗為棘手的問題，亦即鄂蘭實際上提出了兩種不同的判斷理論，前一種是其早期作品中就出現的關聯於政治實踐活動的「判斷」，後一種則是在其晚期作品中發展出來的偏向心智沉思活動的「判斷」。更重要的是，拜納不僅僅停留在現象層面的觀察，他在第八節更直接針對此現象提出了「批判性的問題」。他的核心提問在於，康德是發展判斷理論唯一或最好的理論資源嗎？他提出這一問題的文本依據在於，鄂蘭在觸及「判斷」問題的前期作品中明明還援引了亞里斯多德的「實踐智」概念，從而呈現為更具政治「實踐性」的判斷理論，而晚期的判斷理論之所以轉變為「沉思性」的，恰恰是鄂蘭過度仰賴脫離具體經驗與認知基礎的康德模式所致。

讀者在此會有點訝異地發現，拜納雖然精心編輯出版了康德講座，但是他實際上對於從康德來發展判斷理論的鄂蘭晚期思路並不滿意，他更贊同毋寧是鄂蘭更以亞里斯多德為理論資源且更具實踐的早期版本。乍聽起來，拜納的批評頗有道理，如果我們所理解的鄂蘭應該是一個高度關注政治行動領域的思想家，那麼她晚期所發展的判斷理論也應當更具有實踐相關性，而非蛻變為某種孤獨沉思者。果真如此嗎？

與鄂蘭並肩思考

且讓我們稍稍留意一下拜納觀點的時代背景。眾所周知，從二十世紀八〇年代開始，美國政治哲學界正逐漸興起社群主義（communitarianism）、新亞里斯多德主義等思潮，以挑戰七〇年代由羅爾斯（John Rawls）所振興的新康德式自由主義，而且還與哈伯馬斯（Jürgen Habermas）所代表的溝通行動理論來往密切。就此而言，我們似乎不難理解為何一九八二年的拜納會想要擺脫康德（雖然鄂蘭採用的是美學，而非羅爾斯所採用的道德哲學），轉而訴諸亞里斯多德，乃至更注重倡導溝通實踐的哈伯馬斯。

然而拜納的「時代修正」雖然隨著講稿而廣為傳播，卻並未成為定論，毋寧說它構成了學界圍繞鄂蘭判斷理論展開論戰的重要出發點。以拜納本人於二〇〇一年主編的一本重要論文集為例，圍繞鄂蘭對康德政治哲學的詮釋，書中學者明顯分成了兩派。一派以拜納、塞拉．本哈比（Seyla Benhabib）等「老牌」學者為代表，主張修正或補充鄂蘭的康德式判斷理論；其中，拜納延續了康德美學模型無法為政治判斷活動提供對話實踐的批評，而著名學者本哈比則主張要為鄂蘭的判斷理論補足道德基礎，使之更接近她所推崇的哈伯馬斯式溝通倫理。然而書中的另一派學者則明顯反對上述做法，其中著名學者戴娜．維拉（Dana Villa）就明確反對本哈比的「正確」讀法，轉而強調判斷理論中的審美面向；他甚至還在其他地方聲稱哈伯馬斯派對鄂蘭的解讀是一種「殖民」。可歸入後一派的學者還有臺灣讀者較為熟悉的，《正義與差異政治》的作者艾莉斯．楊（Iris Marion Young），她同樣批評了本哈比的解讀方式，並推崇鄂蘭判斷理論中的激進面向。[2]

透過上述兩派學者的分歧，可以看到早在二十多年前的世紀之交，已經出現了拜納所代表的「新亞里斯多德主義—溝通實踐倫理」派，與後起的「差異美學」派之間的拉鋸，而且兩派對於如何理解、定位鄂蘭的判斷理論，都擁有非常強烈且衝突的立場。

姑且不論兩派立場的孰是孰非，我們至少可以透過上述分歧重新來思考這樣一個問題：拜納前面所提出的「判斷」應當更具有實踐性的要求，是否必然合理呢？熟悉鄂蘭的讀者想必知道，鄂蘭早在《人的條件》當中，就對「行動生活」（vita activa）進行了令人印象深刻的分析，其中言說與行動的實踐無疑激動人心。然而當鄂蘭晚年致力於「沉思生活」（vita contemplativa）的探索，並將判斷活動界定在這一範疇時，她恐怕並非是要退隱到私人的內在活動當中，而是要為行動實踐不可避免的種種宿命，另闢一個批判與制衡的角度。就此而言，我們真的需要將源自觀察者角度且更具自由批判性的「判斷」，化約到一套完美的溝通實踐框架之中嗎？上述兩派學者的論爭已經證明，不同時代的讀者可以擁有完全不同的視野

2 以上多篇文章均見於：Ronald Beiner & Jennifer Nedelsky (ed.). *Judgment, Imagination, and Politics: Themes from Kant and Arendt*. Lanbam: Rowman & Littlefield Publishers, 2001.

與立場，而當代讀者也可以在閱讀的過程中產生自己的答案。[3]

鄂蘭留給後世的遺產始終讓人躍躍欲試。前面提到的學者本哈比曾提出一句風行一時的口號：「與鄂蘭並肩思考來反對她」（to think with Arendt against Arendt）。這說的是，我們不必將鄂蘭的觀點視為教條，而是可以在她的啟發下，提出進一步批評、完善的想法。然而筆者的想法卻是，鄂蘭的思考向來充滿啟發性的張力，無法輕易套入任何主流框架之中，因此我們在時代思潮的影響下去發現鄂蘭思想中的某些「缺陷」，再予以「修正」、「完善」，不如說倒是較為容易的事情。進入鄂蘭獨特的思考方式中，去面對她所面對的複雜人類政治經驗，進而反思、挑戰我們時代所認定的更「正確」的東西，這毋寧更具挑戰性。

有鑑於此，筆者建議稍稍改動前面那句口號，向本書的讀者發出這樣一個邀請：讓我們「與鄂蘭並肩思考來反對他們」（to think with Arendt against others）！

3 筆者亦曾撰文從當代情感政治的角度來重新討論鄂蘭的判斷理論，也對上述論爭做出了一些回應，參見：李雨鍾，〈可溝通的情感政治：重探漢娜·鄂蘭的情感批判與判斷理論〉，《政治與社會哲學評論》第78期（2023年6月），頁65-118。

前言

羅納德·拜納

天不假年，鄂蘭未來得及寫出〈判斷〉（Judging），這原本會構成其大作《心智生命》的第三部分，亦是該書最後收尾的一卷。然而鄂蘭思想的學徒們無不底氣十足地相信，如果真的把它寫出來，無疑會是她的登峰造極之作。本書的宗旨就在於將鄂蘭圍繞這一重要主題所寫的主要可用文本都彙編到一起。顯然，這些文本無法取代那本未被寫出的著作，但是我認為它們能夠提供重要線索，以讓我們掌握鄂蘭在此問題上可能會採取的思考方向，尤其是如果從她著作的整體脈絡來考慮這一問題，情況就更為明顯了。在我寫的詮釋文章中，我想要表達的是，我們可以從這些文本中發現某種貫穿始終的線索，而且我也想要促使讀者意識到它們的重要意義。除此之外，我這番純屬理論推測的重構，也就別無他求了。

第一個文本是鄂蘭為《心智生命》第一卷所寫的後記。這其實構成了〈判斷〉卷的序曲，因為它為這一規劃當中的著作提供了簡要藍圖，並向我們闡明其基本主題與總體意圖。

（該後記作為〈思考〉卷的最後一章，構成了《心智生命》兩大卷之間的過渡地帶，並預告了鄂蘭要在第二卷中處理的主要議題。）至於本書的核心文本，亦即有關康德政治哲學的講座，則是對於康德美學著作與政治著作的解析；它致力於說明《判斷力批判》（*Critique of Judgement*）中包含著一種強有力且至關重要的政治哲學的大綱：這是一種康德自己並未明確發展出來的**政治**哲學（而且他或許也沒有充分意識到它），但是無論如何，它都構成了遺留給政治哲學家們的最重要的遺產。鄂蘭首次宣講這些康德講座，是在社會研究新學院一九七〇年的秋季學期。她曾在一九六四年的芝加哥大學講授了該講座的一個早期版本，而在她於一九六五年、一九六六年分別在芝加哥大學與新學院所開設的講座中，也同樣包含了有關判斷問題的材料。按照排好的行程，鄂蘭本要在一九七六年新學院的春季學期中，再度開設討論《判斷力批判》的講座課程，可惜她在前一年的十二月便已離世。另外，討論想像力的筆記則源自在新學院開設的《判斷力批判》討論課，它跟一九七〇年的康德講座課程屬於同一學期。（鄂蘭通常會在討論課中開展與同期講座課密切相關的主題，以便更深入地探討某些想法。）這些討論課筆記無疑有助於我們闡發康德講座的意涵，它們向我們顯示，出現在第三《批判》中的範例效力（exemplary validity）概念，以及出現在第一《批判》中的圖示說，是透過想像力的作用而連結起來的；想像力對於這兩者都具有根本意義，它為認知提供圖示，也同時為判斷提供範例。[1]

我的宗旨就是盡可能根據讀者所需，來提供完整的文本選輯，以便讓讀者掌握鄂蘭圍繞判斷問題而醞釀的思考。至於其他一些可用的演講材料則暫時並未收錄，因為如果要把它們也納入的話，只會帶來兩種結果：一者是產生重複，因為她的觀點並沒有改變；二者是產生不一致，因為她的觀點的發展，已經超出了早期草稿所呈現的樣貌。然而在我的評論文章中，這些材料只要有相關之處，我都會充分予以使用。

集結在這本書中的文字大體上是一些本來從未打算拿來出版的演講筆記。雖然對於用詞、標點上似乎不合文法或不夠清楚的地方，不免要稍加更動，不過實質上並沒有什麼改變，它們仍維持著作為演講筆記的原本形式。因此本書的內容絕對不應該被誤認作已完成的作品。之所以要出版它們，只不過是為了讓讀者有辦法了解某些極其重要的想法，而作者自

---

1 譯注：值得補充的是，鄂蘭生前的研究助理兼多本遺作的編輯者柯恩（Jerome Kohn），對拜納的「課程筆記」說提出了商榷。柯恩認為這篇〈想像力〉不是課程筆記，而是鄂蘭提供給修課學生的一篇小論文，以作為他們撰寫課程作業的範本。此外，柯恩還主張該文的重要性被低估了，他回憶說當鄂蘭離世前準備撰寫〈判斷〉時，還曾因為一時找不到這篇論文，而向他索要該文的副本。參見：Hannah Arendt, *Thinking Without a Banister: Essays in Understanding 1953-1975*, ed. by Jerome Kohn. New York: Schocken Books, 2018, p. 387.

己生前則沒來得及按照原本規劃的方式來發展這些想法。

鄂蘭在講稿與討論課筆記中的文獻引用通常相當粗略，而且有一些很明顯是不準確的。因此鄂蘭文本所附的注釋，基本上是由我負責的。

我要對瑪麗・麥卡錫致上最深的謝意，她總是提供各種幫助，永遠充滿善意，若沒有她，這本書就不可能誕生。我也要感謝國會圖書館手稿部門的工作人員，他們提供了非常有益的協助。

第一部分

漢娜鄂蘭的文稿

PART ONE

Texts by Arendt

〈思考〉後記

摘自《心智生命》第一卷

在本著作的第二卷（《心智生命》）中，我將討論意志（willing）和判斷（judging）這兩種其他的心靈活動。從這些時間臆測的角度來看，它們所關心的是缺席的事物，不是因為它們尚未存在，就是因為它們不再存在；但是與思考（thinking）活動不同的是，思考活動所處理的是所有經驗中不可見的事物，而且總是傾向於一般化，而它們所處理的總是特殊者（the particulars）[1]，而在這方面更接近於現相的世界。如果我們想要安撫我們的常識，而又如此決定性地被無目的的尋求意義此一理性的需要所冒犯，那麼我們很有可能要為這一需

1 譯注：Particular，一般可譯作「特殊的」、「特定的」、「個別的」（事情或東西）等。在本書中，鄂蘭多次用到the particular(s)，是有其特定的意思，主要是指一些在特定時空下的事物，以求跟the universal，即普遍的（事物）或普遍者作對比。除非基於脈絡及文氣考慮而取其他譯法（如「特定的」），下文皆譯為「特殊者」。

要辯解，僅僅因為思考是一種不可或缺的準備，為了決定那將至的與為了評估那不再的。既然過去已經過去，成為我們判斷的主題，反過來，判斷也只是為了意志而作的準備。這無可否認是人作為一個行動存在者（an acting being）的視角，而且在有限的範圍內也是人的合法視角。

但是，這最後的嘗試是為了捍衛思考活動免受不實際且無用的責難，但這並不奏效。意志所達成的決定，絕對不可能來自於欲望的機制，或是在它之前的理智慎思。意志要麼是一個自由自發的器官，它會中斷所有束縛它的動機因果鏈，要麼它只是一個幻覺。一方面，對於欲望，另一方面，對於理智，就如柏格森（Bergson）曾經說過，意志的行為像是「一種**政變**」（a kind of *coup d'état*），這當然意味著「自由的行動是罕見的」：「儘管每當我們意願回到自身的時候，我們就是自由的，**但我們卻鮮少有意願回到自身。**」[2] 換句話說，要處理意志的活動而不觸及自由的問題是不可能的。

〔拜納按：在《心智生命》第二卷中，涉及描述意志的三個原文段落於此省略。〕

2 Henri Bergson, *Time and Free Will*, trans. F. L. Pogson (New York: Macmillan, 1910), pp. 158, 167, 240 (italics added).

我將以判斷力的分析作為第二卷的結尾，這裡的主要困難在於提供權威證據的來源奇缺。直到康德的《判斷力批判》[3]，判斷力才成為一位重要思想家的主要論題。

我將把判斷力單獨挑出來展示，作為我們心靈一種獨特能力，這個屬於我的主要假設是判斷，並不是透過演繹或歸納而得出的；簡而言之，判斷與邏輯運作沒有任何共同之處——就像當我們說：所有人都會死，蘇格拉底是人，因此蘇格拉底會死。我們將尋找「無聲的感官」（silent sense），它——當它被處理的時候——即使康德那裡亦然，總是被想成為「品味」（taste）[4]，因此屬於美學的領域。在實踐和道德的事情上，它被稱為「良知」（conscience），而良知並不判斷；它告訴你，作為上帝或理性的神聖聲音，什麼該做，什麼不該做，以及什麼該懺悔。無論良知的聲音是什麼，它都不能說是「沉默」的，它的有效性完全取決於一個超越所有純粹人類法律與規則的權威。

3 譯注：除特別說明，本文中康德著作名稱及內文之中譯，均由譯者斟酌權衡鄂蘭所用的英譯及康德德文原文後譯出；中譯方面雖參考了李明輝、鄧曉芒、李秋零等著名譯作，若有錯漏，文責在譯者。

4 譯注：英文Taste一詞德文原文為Geschmack，兩字皆具有「味道」及「品味」雙重意思。鄂蘭在後期講座中（如第十一、十二講），特別論及這種雙重意義在康德分析美感判斷裡的角色。學者鄧曉芒及李秋零在翻譯《判斷力批判》時，將Geschmacksurteil（Judgment of Taste）譯為「鑑賞判斷」，在此脈絡下並無不妥，但基於鄂蘭的分析內容，以及「味道」及「品味」二詞文字上的關係，譯者於下文遂取「品味」及「品味判斷」。

在康德看來，判斷力是一種「只可實踐不可教授的特殊才能」。判斷力處理的是特殊者，而當在一般性中遊走的思考自我，從其退隱裡現身，回到特殊的現相世界時，它發現心智需要一種新的「天賦」（gift）來處理它們。「一個愚鈍或心胸狹隘的人，」康德認為：「……確實可以透過學習來訓練，甚至成為博學的人。但由於這類人通常仍然缺乏判斷力，所以經常會遇到有學識的人，在運用他們的科學知識時背叛了那種原初的需求，而這種需求永遠無法實現。」[5]在康德看來，是理性與它的「調配性理念」（regulative ideas）來幫助判斷力；但是如果這一能力是獨立於與其他心智能力的，那麼我們就必須賦予它自己的**運作模式**（*modus operandi*），即它自己的進行方式。

這對於現代思想所困擾的一整套問題，尤其是理論與實踐的問題，以及所有嘗試達成半途而廢的倫理理論的嘗試，都有一定的關聯性。自從黑格爾與馬克思以來，這些問題都是從歷史的角度（the perspective of History）來處理，並且假設有一種東西叫做人類的進步（Progress of the human race）。最終，在這些問題上我們別無選擇。我們要不就跟隨黑格爾聲稱：**世界歷史就是最後審判**（*Die Weltgeschichte ist das Weltgericht*），把最終的判斷權交給勝利（Success）；不然的話，我們就必須追隨康德的主張，堅持人類心靈具有自律性

5 *Critique of Pure Reason*, B172-B173, trans. N. K. Smith (New York: St. Martin's Press, 1963).

（autonomy），而且它們有可能獨立於事物之所是或事物之已成。

我們在此將不得不（並非第一次地[6]）關注歷史的概念，但我們或許可以反思這個詞最古老的意義，就像我們政治與哲學語言中的許多其他詞彙一樣，這個詞起源於希臘文，源自希羅多德（Herodotus）的 *historein*，「查詢以說明它是如何發生的」——*legein ta eonta*。但這個動詞的起源則是荷馬（Homer）（《伊利亞德》〔*Iliad*〕第十八章），其中出現了名詞 *histōr*（可稱之「歷史學家」），而荷馬的歷史學家就是**法官／判斷**（*judge*）。如果判斷力是我們處理過去的能力，那麼歷史學家就是一個探究者，他透過描述過去來對其進行審判。如果是這樣的話，我們就可以重新拾回人類的尊嚴，從現代稱之為歷史（History）這個偽神中贏回尊嚴，而沒有否定歷史的重要性，只是否定歷史作為最終判官的權利。老加圖（Old Cato），我的這些思考就是從他開始的——「我從來沒有比我一個人的時候更孤獨，我從來沒有比我什麼也不做的時候更活躍」——他曾為我們留下了一個奇怪的短語，恰當地總結了從開疆拓土事業裡暗示了的政治原則。他說：「**勝利取悅諸神，但失敗取悅加圖。**」（“*Victrix causa deis placuit, sed victa Catoni*”）

6 ｛拜納按：參見鄂蘭在《過去與未來之間》中的文章：“The Concept of History: Ancient and Modern” in *Between Past and Future* (New York: Viking Press, 1968).｝

康德政治哲學講座

一九七〇年冬，於社會研究新學院[7]發表

第一講

談論和探究康德的政治哲學有其困難之處。與許多其他哲學家——柏拉圖、亞里斯多德、聖奧古斯丁、聖托馬斯（Thomas Aquinas）、斯賓諾莎（Spinoza）、黑格爾等人——不同，他從未寫過政治哲學。關於康德的文獻不勝枚舉，但關於他的政治哲學的書籍卻寥寥無幾，其中只有一本值得細讀——漢斯・薩納（Hans Saner）的《康德的從戰爭至和平之

7 譯注：今為「新學院」（The New School），位於美國紐約的高等教育機構。一九一九年創校到一九九七年其間名為「社會研究新學院」（New School for Social Research），及後重新命名為「新學院大學」（New School University），到二〇〇五年再改名為「新學院」。

道》。[8]最近，法國出版了一本致力於康德政治哲學的論文集，[9]其中有些很有意思；但即使在其中，你也會很快發現，就康德本人而言，這問題本身只被當作一個邊緣話題來處理。在所有討論整體康德哲學的書籍中，只有雅士培（Jaspers）的論著用了至少四分之一的篇幅論述這一特殊主題。（雅士培，康德唯一有過的追隨者；薩納，則是雅士培唯一有過的追隨者）。[10]構成《論歷史》[11]或最近名為《康德政治著作》[12]文集中的文章，在品質和深度上都無法與康德的其他著作相比；它們當然也不如一位作者所稱的那樣構成了「第四批判」，

---

8 Hans Saner, *Kants Weg vom Krieg zum Frieden*, vol. 1: *Widerstreit und Einheit: Wege zu Kants politischem Denken* (Munich: R. Piper Verlag, 1967); English translation by E. B. Ashton, *Kant's Political Thought: Its Origin and Development* (Chicago: University of Chicago Press, 1973).

9 {拜納按：我認為這是指*La Philosophie Politique de Kant,* volume 4 of the Annales de Philosophie Politique (Paris: Institut International de Philosophie Politique, 1962).}

10 譯注：鄂蘭以誇張的比喻，讚揚雅士培是唯一繼承康德政治哲學精粹的學者，而瑞士哲學家漢斯·薩納於一九六二至一九六九年期間，則是雅士培的私人助理。

11 Immanuel Kant, *On History*, ed. Lewis White Beck, trans. L. W. Beck, R. E. Anchor, and E. L. Fackenheim, Library of Liberal Arts (Indianapolis: Bobbs-Merrill, 1963).

12 *Kant's Political Writings*, ed. Hans Reiss, trans. H. B. Nisbet (Cambridge, Eng. : At the University Press, 1971).

而他之所以急切為它們宣稱這一地位，只因它們恰好是他的主題。[13]康德自己也稱它們其中一些只是單純「玩弄理念」或「單純的愉悅之旅」。[14]而《永久和平》（*Perpetual Peace*）是其中最重要的一部，其諷刺的語氣清楚地表明，康德本人並沒有把它們看得太重。在給基斯韋特（Kiesewetter）的一封信（一七九五年十月十五日）中，他稱這篇論文為「遐思」（彷彿他想到了自己早期與史威登堡〔Swedenborg〕的趣事，即他的《通靈者之夢：通過形上學之夢來闡釋》〔*Dreams of a Ghost-Seer, Elucidated by Dreams of Metaphysics*〕〔一七六六年〕）。[15]至於《權利學說》（*The Doctrine of Right*）（或法律〔of Law〕學說）[16]——你只能在賴斯（Reiss）編輯的書中找到它，而且如果你讀了它，你可能會覺得相當無聊和迂腐——很難不同意叔本華（Schopenhauer）所說：「這彷彿不是這位偉人的作品，而是一個

---

13 Kurt Borries, *Kant als Politiker: Zur Staats- und Gesellschaftslehre des Kritizismus* (Leipzig, 1928).

14 Kant, *On History*, ed. Beck, p. 75 ("The End of All Things"), and p. 54 ("Conjectural Beginning of Human History").

15 譯注：德文原作名稱為 *Träume eines Geistersehers, erläutert durch Träume der Metaphysik*，直譯為可為「通過形上學之夢闡釋靈視者之夢」。今取李明輝譯作之名。

16 譯注：這裡是指《道德底形上學》（*Die Metaphysik der Sitten*）書中的第一部分〈Metaphysische Anfangsgründe der Rechtslehre〉，討論人的權利與法律的關係。由於兩者在康德哲學中密不可分，中譯一般合為「法權學說」或「法權論」，但鄂蘭把兩者分開，故分譯之。

平凡普通人{*gewöhnlicher Erdensohn*}的作品。」在康德的實踐哲學中，人被理解為一種立法者，法律概念在康德的實踐哲學中具有重要意義；但如果我們要研究的法律哲學，我們確實應該轉向普芬多夫（Pufendorf）[17]、格勞秀斯（Grotius）或孟德斯鳩（Montesquieu），而不是康德。

最後，如果你看看其他文章——無論是在賴斯的書中或是其他文集（《論歷史》），你會發現其中許多文章都與歷史有關，因此，乍看起來，就像他之後的許多人一樣，康德彷彿用歷史哲學取代了政治哲學；但是，康德的歷史概念雖然就其自身而言相當重要，但卻不是他哲學的核心，如果我們想要探究歷史，我們會轉向維柯（Vico）、黑格爾和馬克思。在康德那裡，歷史是自然的一部分；人類作為創世的一部分，是歷史的主體，儘管可說，作為其最終目的和創世的冠冕。歷史——他從沒忘記那無序的、偶然的憂傷——中重要的不是故事、不是歷史上的個人，更不是人做出的善行或惡行，而是大自然的祕密詭計，那使人類在世世代代的傳承中不斷進步並發展出自身的所有潛能。人類作為個體的壽命太短，無法發展出人類的所有品質和可能性；因此，物種歷史的過程之中「大自然播下的所有種子得以充分發

17 譯注：賽繆爾．馮．普芬多夫（Samuel von Pufendorf）為十七世紀德國重要法學家。原文為Pufendorff，應是誤植多了一字。

展，並且在其中種族的命運得以在地球上實現」。[18]這就是「世界歷史」（world history），這於個體的有機發展——童年、青春期和成熟期——的類比中可見。康德從不關心過去；他關心的是物種的未來。人類被逐出天堂，不是因為罪惡，也不是因為一位要報復的上帝，而是因為大自然，大自然將人類從其子宮中釋放出來，然後將人類逐出樂園，即「安全無害的童年狀態」。[19]這就是歷史的開端；其過程就是進步，而這一過程的產物有時被稱為文化，[20]有時被稱為自由（「從自然的監護到自由的狀態」）；[21]而只有一次，幾乎是順便在一個插入語中，康德確實指出這是一個促成「為人類計劃好的最高目的，即社會性｛*Geselligkeit*｝」[22]的問題（我們稍後將看到社會性的重要性）。進步本身，那十八世紀時的

18 Ibid., p. 25 ("Idea for a Universal History," Ninth Thesis).

19 Ibid., p. 59 ("Conjectural Beginning of Human History").

20 *Critique of Judgment*, § 83. ｛拜納按：一般來說，鄂蘭的《純粹理性批判》是依賴諾曼・肯普・史密斯（Kemp Smith）的譯本（New York: St. Martin's Press, 1963），而《判斷力批判》則依賴J・H・伯納德（J. H. Bernard）的譯本（New York: Hafner, 1951）。但在使用這些以及其他翻譯時，她通常會自行做出一些小改動。就其他作品而言，當未明確注明翻譯來源時，可假定它們是鄂蘭自己的翻譯。｝

21 *On History*, ed. Beck, p. 60 ("Conjectural Beginning of Human History").

22 Ibid., p. 54.

主導概念，對康德而言是個頗為今人傷感的想法；他反覆強調，那讓個人生活明顯失落的弦外之音：

即使我們接受人在此生最佳的道德和物理狀態上最好的條款，也就是說，不斷地進步並趨近於被定為其目標的最高善之狀態，他還是無法……將滿足與他的條件……在永恆持續的變化之持續下去的前景聯結起來。因為他目前所處的狀態，相較於他準備要進入的更佳狀態而言，始終是種不幸；並且，朝向終極目的無止盡地前進這個想法，也同時是對一連串無止盡的不幸系列之一種展望……而這些不幸不會讓滿足佔得我上風。[23]

---

23 Ibid., pp. 78-79 ("The End of All Things"). 【譯按】本文有不少經鄂蘭修剪並轉引自英語譯本的康德原文，本中譯的原則，是先依鄂蘭原文譯成中文，再參考德文及其他中譯本再行修改，有需要時再行注解。理由在於，本書內容乃鄂蘭對康德哲學之詮釋，但因此首要是忠於其詮釋，其次才是忠於康德原文。但若有可能引起讀者對康德的誤讀，譯者自覺有責任點明。例如此中引用的《萬物之終結》（*Das Ende aller Dinge*），原文收於普魯士王室學術院本《康德全集》（*Kant's gesammelte Schriften*）AA23，鄂蘭引文則來自Beck的英譯本，經鄂蘭修剪；中譯則參考李明輝《康德歷史哲學論文集》（頁158）譯自德文之原文。在這段引文中，英語evil一般譯為「惡」，而李譯則針對德文Übel於脈絡中的用法而譯為「不幸」，筆者認為合理而取用之。而康德原典中含有某些強調符號（如「滿足」〔Zufriedenheit〕一詞），鄂蘭卻未有採用，則跟從之。

另一種對我的選題作非議的方式，雖然有些粗俗，但也不是毫無道理，是指出這些通常被選中的文章——而我也有選中——都是康德晚年的作品，並且事實上是他智能下降終致失智（senile imbecility）的狀態下所作。為反駁這論點，我請你閱讀康德非常早期的《關於美感和崇高感的一些觀察》（*Observations on the Feeling of the Beautiful and Sublime*）。[24] 為了預視我在此問題的個人意見，那是我希望在這個學期的課程中向你們論證：如果某人了解康德的作品，並把他的生平事蹟予以考量，那是頗為容易把論點反轉，並說，康德在生命頗晚的時候，當他不再有力量或時間就這個特定問題制定其哲學時，才留意到政治的事**跟社會的事區別開來的**（*as distinguished from the social*），是人類在世界上的狀況的重要組成部分。對此我並不是說康德因此生命的短暫而未能寫出「第四批判」，而是說康德的第三批判，即《判斷力批判》——它與《實踐理性批判》（*Critique of Practical Reason*）不同，是自發地創作，而不是如《實踐理性批判》般為了回應批判性的觀察、提問、和挑釁——實際上應成為康德偉大作品中缺少了的那一本。

從他的觀點來看，在他完成了批判事業後，還剩下兩個問題困擾其一生，並為之中斷了

24 Immanuel Kant, *Observations on the Feeling of the Beautiful and Sublime*, trans. John T. Goldthwait (Berkeley: University of California Press, 1960).

他一直的工作，以便首先澄清那他所稱的「理性的醜聞」：「理性與自身相悖」[25]這一事實，或者說**思考**超越了我們所能**認識**的界限，然後陷入自己的二律背反之中。[26]我們從康德自己的證言中得知，他的人生轉捩點是他發現（於一七七〇年）人類心靈的認知能力及其局限，他花了十多年時間來闡述這一發現，並出版了《純粹理性批判》（*Critique of Pure Reason*）。我們也從他的信件中得知，這歷時多年的巨大努力對他其他計畫和想法有何意味。他寫道，關於這「主要議題」，如同「大壩」一樣阻礙和堵塞了他希望完成和出版的所有其他主題；它就像「路上的一塊石頭」，只有移走它才能繼續前進。[27]當他重新回到其前批判期的一些關懷時，依其當時所知，這些問題當然題已有所轉變。但它們並未變得面目全非，我們也不能說，它們對他來說已失去了迫切性。

最重要的變化能在以下幾方面體現。在一七七〇年事件之前，他曾意圖去寫並快要出版

---

25 Letter to Christian Carve, September 21, 1798. See Kant, *Philosophical Correspondence 1759-99*, ed. and trans. Arnulf Zweig (Chicago: University of Chicago Press, 1967), p. 252.

26 譯注：熟悉康德的讀者都知道，鄂蘭在此使用的antinomies是其哲學用詞，意指一些通過普遍原則而成立、卻又互相矛盾的形上學命題。通過展示理性命題中的二律背反，康德揭示理性能力的局限及矛盾。

27 Letters to Marcus Herz, November 24, 1776, and August 20, 1777. See *Philosophical Correspondence* 1759-99, ed. Zweig, pp. 86, 89.

《道德底形上學》（*Metaphysics of Morals*），但事實上他在三十年後才寫成並出版了這部作品。但在此尚早之時，此書曾以《道德品味之批判》（Critique of Moral Taste）[28]為名公布。當康德最終轉向第三《批判》時，他仍然在開首將之名為〈品味批判〉（the Critique of Taste）。這就發生了兩件事情：在品味這個整個十八世紀最受歡迎的話題背後，康德發現了一種全新的人類能力，即判斷力；但與此同時，他又將道德命題從這種新能力的權限中撤離。換句話說：現在美醜的不僅僅由品味來決定；但問題的正確或錯誤，也不由品味或判斷力，而是單獨由理性來決定。

第二講

在第一講中我曾說過，康德在生命的最後階段留下了兩個問題。第一個問題可以總括為、或更確切地說，以人的「社會性」（sociability），也就是說，事實上人不能獨自生活，

28 See Lewis White Beck, *A Commentary on Kant's Critique of Practical Reason* (Chicago: University of Chicago Press, 1960), p. 6.
【譯按】鄂蘭在此未用斜體標為書名，書名號為譯者所加。

人不僅僅因為他們的需要和關懷而互相依存，而且在最高階能力上，即人的心靈，也不會於人類社會之外運作。「對**思想家**來說，同伴是不可或缺的。」[29]這一概念是《判斷力批判》第一部分的關鍵。顯然，《判斷力批判》或〈品味批判〉是為了回應前批判時期遺留的問題而寫的。與《關於美感和崇高感的一些觀察》一樣，《批判》再次劃分為「美」與「崇高」兩部分。在這本讀來好像是法國道德家所寫的早期作品中，關於「社會性」、同伴等方面已是關鍵問題，儘管還未達到同樣程度。康德在那裡記述了在「問題」背後的實際經驗，而這種經驗除了年輕康德的實際社會生活之外，還是某種思想實驗。實驗過程如下：

｛**「卡拉贊的夢」**（Carazan's Dream）｝：隨著財富增加，這個富有的守財奴也封閉了自己的心靈，對他人不再有同情和愛。與此同時，隨著他對人的愛逐漸轉冷，他的祈禱和宗教活動卻越來越勤勉。在懺悔過後，他又重複以下一段話：「某個旁晚，當我在燈下記帳和計算利潤時，睡意忽爾襲來。在此狀態下，我看見死亡天使像旋風一樣向來襲來。在我還沒來得及懇求免受他可怕的一擊刺中前，他已擊中了我。我被嚇呆了，因我意識到我的命運已經

29 Immanuel Kant, ,,Reflexionen zur Anthropologie;' no. 763 (italics added). In *Kants gesammelte Schriften*, Prussian Academy edition, 29 vols. (Berlin: Reimer & de Gruyter, 1902-83), 15:333.

注定，我所做的一切善事都將無以復加，一切的惡行也將無去抹除。我被帶到往在第三層天的主的寶座前。在我面前閃耀的光輝如此對我說道：「卡拉贊，你對上帝的事功被拒絕了。你關上了對他人之愛的心門，並以鐵腕緊緊攫住了你的寶藏。你只為自己而活，因此，你也將在未來的永恆中孤獨地活著，並與所有造物解除一切往來[30]。」就在這一瞬間，我被一股無形的力量席捲而去，並被驅趕著穿過造物的閃耀大樓。我很快就離開了身後無數的世界。當我接近自然的最外圍時，我看到無邊無際的虛空在我前面沉入深淵。那是個永遠寂靜、孤獨和黑暗的可怕王國！無法言喻的恐懼籠罩了我。我漸漸看不到最後一顆星星，最後一絲微光也消失在了外面的黑暗中！絕望帶來的致命恐懼每時每刻都在增加，就像我與最後一個有人居住的世界的距離每時每刻都在增加一樣。我伴隨著無法承受的痛苦在反省，如果再花一萬個一千年的時間，我將超越整個宇宙的界限，我仍然會永遠向前看向著無盡的黑暗深淵，不會有任何幫助，也沒有任何返回的希望。——在這種困惑裡，我用力地向現實中的物體伸出雙手，我醒了。現在，我學會了尊重人類；因為在那種可怕的孤寂裡，我寧願要那些即使是最不重要的人，那些因為我對我的財富自豪而把心門關上、轉向戈爾康達（Golconda）的

30 譯注："communion"在此譯為「往來」，亦可意謂「聖餐禮」。

所有寶藏的人。[31]

被擱下的第三個問題是《判斷力批判》第二部的核心，它與第一部分大相逕庭，以至該書缺乏統一性而一直引發評論；例如，鮑姆勒（Baeumler）曾問道，它是否只是「老人的突發奇想」（*Greisenschrulle*）。[32]在《判斷力批判》第六十七節提出的第三個問題是：「為何人類應當存在是必須的？」同樣，這也是一種被擱下的關切。你們都知道的那三個著名問題，根據康德的觀點，這三個問題的答案構成了哲學的正事：我能知道什麼？我該做什麼？我可以希望什麼？除了這三個問題，他還在他的講座課程中加入了第四個問題：**人是什麼？**（*What is Man?*）並解釋道：「人們可以將它們統稱為『人類學』，因為前三個問題關係到〔指向〕最後一個問題。」[33]這個問題顯然與萊布尼茲、謝林（Schelling）和海德格提出的

31 *Observations on the Feeling of the Beautiful and the Sublime*, trans. Goldthwait, pp. 48-49 (note).

32 A. Baeumler, *Kants Kritik der Urteilskraft: Ihre Geschichte und Systematik*, vol. 1: *Das Irrationalitätsproblem in der Aesthetik und Logik des 18. Jahrhunderts bis zur Kritik der Urteilskraft* (Halle: Max Niemeyer Verlag, 1923), p. 15.

33 Immanuel Kant, *Logic*, trans. R. Hartman and W. Schwarz, Library of Liberal Arts (Indianapolis: Bobbs-Merrill, 1974), p. 29.〔鄂蘭是指康德的《形上學講座》（*Vorlesungen über die Metaphysik*）〕

另一個問題有明顯的關係：為何這裡是有，而非一無所有？（Why should there be anything and not rather nothing?）[34]萊布尼茲稱其為「我們有權提出的第一個問題」，並補充道：「因為一無所有比有而言更簡單、更容易了。」[35]顯而易見的，無論你如何表述這些「為何問題」（why-questions），每一個以「因為……」[36]開頭的答案聽起來與實際上都只會是愚蠢的。因為為什麼其實並非在尋問一個**原因**（*cause*），例如，「生命是如何發展的」，或是「宇宙是如何出現的」（不管有沒有砰的一聲）；相反，它是在問這發生了的一切的**目**

---

34 譯注：通行的中譯包括「為什麼是有而不是無」、「為何是存在而不是不存在」。相關中譯非常複雜困難，因為「有」與「無」、「存在」與「不存在」、「（存）有」與「什麼也沒有」等相關概念組合，在中文語境下能引申出更為複雜的哲學問題。而在西方哲學傳統裡，因應不同語言（如古希臘語、拉丁語、法語、德語等）及歷史脈絡（如古希臘哲學、經院哲學、現代哲學等），同樣構成了甚為不同的哲學問題與考量，因此在翻譯時必需予以考量。在此脈絡，譯者傾向以「有」（something）與「（一）無（所有）」（nothing）的組合來翻譯，是因為鄂蘭意圖特顯「為何問題」引申出來的論域，單從自然界物理因果的角度是無法充分回應的。由於「無」並非物理對象，而是形上學問題的對象，也是涉及人內在形上傾向的問題，因此比起「存在」與「不（或非）存在」更為合適。

35 Gottfried von Leibniz, „Principes de la Nature et de la Grâce, fondés en raison" (1714), par. 7.

36 譯注：鄂蘭以大寫的 Because 作強調，有別平常用的斜體，故中譯加上引號。類似情況於下文以同樣方式處理，如 Being（存在）、Man（人）。

（*purpose*），而「目的，比如說自然存在的目的，必須在自然之外去尋找」[37]生命的目的在生命之外，宇宙的目的在宇宙之外。這個目的，就像每一個目的一樣，必須超越自然、生命或宇宙，而由於這個問題，它們被降格成比自己更高之物的手段。（當海德格在其晚期哲學中一次又一次地試圖將人與存在置於一種對應關係之中，在這種對應關係中，雙方互為因果——「存在」〔Being〕呼喚「人」〔Man〕，「人」成為「存在」的守護者或牧羊人，「存在」需要人作為其自身的現相，「人」不僅需要「存在」才能去實存〔to exist〕，並且關注其自己的「存在」，沒有任何其他實體｛存在者（*Seiendes*: being）｝、任何其他生命體如是，[38]諸如此類——正是為了擺脫這種相互降格，那內存於這種一般性的「為何問題」，而不是為了擺脫於一切關於「無」〔Nothingness〕的想法的悖論。）

康德從《判斷力批判》第二部中得出的對這一困惑的答案是：我們之所以提出「自然的目的是什麼？」這樣的問題，只是因為我們自己是具目的性的存在者（purposive beings），那不斷地設定目標（aims）和終點（ends），並且作為這樣的意向性存在者（intentional

---

37 *Critique of judgment*, § 67.

38 Martin Heidegger, *Being and Time*, trans. John Macquarrie and Edward Robinson (New York and Evanston: Harper & Row, 1962), e.g., § 4.

beings）從屬於自然。同樣道理，人們也可以回答，為何我們使自己困惑於這樣一個明顯地無法回答的問題，即「世界或宇宙是否有一個開端」，或者，它是否像上帝一樣，從永恆到永恆？通過指出這事實：成為起始者（beginners），並因而在我們一生裡建構各種起點（beginnings），這是我們的本性。[39]

然而回到《判斷力批判》：兩個部分之間的聯連很弱的，但是，儘管它們是這樣的——也就是說，因為它們可以被假定存在於康德自己的思想之中——它們與政治的聯繫比與其他《批判》中的任何部分的聯繫都更為緊密。其中有兩個重要的連結：首先，在這兩部分中，康德都沒有把人稱之為一種能智性或認知存在者（an intelligible or a cognitive being）。真理這個詞也並未出現過——除了一次，是某個特殊的語境下。第一部分講的是複數的人，他們真實地存在與生活於社會之中；第二部分講及的是人類這個物種。（康德在我剛才引用的段落中，以補充的方式強調了這一點：「這問題，『為何人類應當存在是必須的……我們不會覺得這問題容易回答，如果這我們有時把我們的想法投向新荷蘭人或〔其他原始部落〕。』」）[40]《實踐理性批判》與《判斷力批判》之間最決定性的差別，在於前者的道德法

---

39 參見Gerhard Lehmann, *Kants Nachlasswerk und die Kritik der Urteilskraft* (Berlin, 1939), pp. 73-74.

40 *Critique of Judgment*, § 67.

則是對所有智性存在者皆為有效，而後者的規則有效性則嚴格局限於塵世間的人類；第二個連結在於，判斷力處理的是特殊者，而特殊者「就其本身而言，包含與普遍者相關的某些偶然的東西」[41]而這通常是思想所處理的東西。這些特殊者又分為兩類：恰當地說，《判斷力批判》的第一部分處理判斷的對象，例如某個我們稱為「美」（beautiful）的對象，但卻無法把它歸入於一個可名為「美」（Beauty）一般範疇；我們沒有可以適用的規則。（如果你說：「多美的一朵玫瑰！」你得到這樣的判斷，並非因為你首先說：「所有的玫瑰花都是美麗的，這朵花是玫瑰花，因此這朵玫瑰是美麗的。」或者，反過來說，「美就是玫瑰，這朵花是玫瑰，因此，它是美麗的。」）在《判斷力批判》第二部分中處理的另一種情況，是不可能從一般原因中推導出任何特定的自然產物：「絕對沒有人類理性上（事實上，沒有任何有限理性在品質上像我們的理性一樣，無論在程度上它如何超越我們的理性）能夠僅僅冀望於透過機械原因來理解，哪怕是一片草葉的產生。」[42]（「機械」〔Mechanical〕於康德術語中所指的是自然原因；它的反義詞是「技術」〔technical〕，他的意思是「人工的」〔artificial〕，亦即有目的地製造出來的東西。這是對事物本身的區別，也是對為特定目的的

41 Ibid., § 76.
42 Ibid., § 77.

或目的而製造的事物的區別。）這裡的重點落於「理解」（understand）：我怎麼能理解（而不僅僅是解釋）有草，然後又有這片特定的草葉呢？康德的解決方案，是引入目的論原則，即「自然產物中的目的原則」，作為「研究特定自然法則的啟導性原則（heuristic principle）」，然而這並不能使「它們的起源模式更加容易理解」。[43]我們在此並不關心康德哲學的這一部分；嚴格地說，它並不涉及對特殊者的判斷，它的主題是自然，儘管正如我們將要看到的，康德把歷史也理解為自然的一部分——只要它屬於地球上的動物物種，它就是人類物種的歷史。其意圖是找到認知的原則，而不是判斷的原則。但你應該看到，正如你可以提出「為何人類應當存在是必須的？」這個問題一樣，你也可以繼續追問「為何樹應當存在是必須的？」或「為何草葉應當存在是必須的？」，諸如此類。

換句話說，《判斷力批判》的主題——特殊者，無論是關於自然事實或是歷史事件；判斷力是人類心靈處理判斷的能力；人類的社會性是這種能力發揮作用的條件，也就是說，人們依賴他們的同胞，不僅因為身體和生理需要，而且正是為了他們的精神能力——所有這些主題具有顯著的政治意義——也就是說，對政治很重要——都是康德的關懷，而早在他終於

43 Ibid., § 78.

在年老時轉向這些問題之前，即在他完成了批判事業（*das kritische Geschäft*）之後發生。正是為了它們，他推遲了學說部分的寫作，因為他本來打算繼續進行這一部分，「以便盡可能地，從我日益增長的歲月中更有助益的時刻中獲益」。[44] 這個學說的部分本應是包含「自然與道德的形上學」；在其中沒有預留位置予以判斷力，「沒有專門的部分，為了判斷力而設」。對於特殊者的判斷——**這**是美麗的，**這**是醜陋的；這是對的，這是錯的——在康德的道德哲學中沒有地位。判斷力不是實踐理性；實踐理性「運用理性」，並告訴我該做什麼、不該做什麼；它制定法律並與意志同一，並且由意志發施號令；它以命令式來說話。相反，判斷力源自於「一種單純沉思的愉悅或不作為的愜意｛*untätiges Wohlgefallen*｝」。[45]

這種「沉思的愉悅感稱為品味」，《判斷力批判》最初被稱為「品味批判」。「如果實踐

---

44 Ibid., Preface. 【譯按】以「學說」（doctrine）相對「批判」（critics），出於在《判斷力批判》的第一版前言的最後一段。康德明確道出，以第三《批判》完成其「全部的批判事業」（mein ganzes kritische Geschäft），轉向建立學說的階段（zum doktrinalen schreiten）。

45 Kant, Introduction to *The Metaphysics of Morals*, section I: "Of the Relation of the Faculties of the Human Mind to the Moral Laws". 參見 *Kant's Critique of Practical Reason and Other Works on the Theory of Ethics*, trans. lbomas Kingsmill Abbott (London: Longmans, Green, & Co., 1898), p. 267.

哲學確實談到沉思的快樂，那麼它也只是順便提及，而不是彷彿這概念是它所固有的。」[46]這聽起來似乎不太可信嗎？「沉思的愉悅與不作為的愜意」怎會跟實踐有關呢？難道這還不能確鑿地證明，當康德在轉向學說事宜時，已經決定他對特殊性和偶然性的關注是已成過去，並且已成為某種邊緣事務了嗎？然而，我們將會看到，他對法國大革命的最終立場是由這種觀察者心態所決定的——這事件在他晚年發揮了核心作用，當時他每天都焦急地等待著報紙——那些「自己不參與遊戲」而只是「一廂情願地、充滿激情地參與」的人，這當然並不意味著，尤其是對康德來說，他們現在想要進行一場革命；他們的同情僅源自於「沉思的愉悅與不作為的愜意」。

在康德關於這些主題的晚期著作中，我們無法追溯到前批判時期的關切元素只有一個。在其早期的著作中，我們沒有發現他對嚴格意義上的憲法和制度問題感興趣。然而，這種興趣在他生命的最後幾年至關重要，幾乎所有嚴格的政治文章都是在那時寫成。這些是在一七九〇年《判斷力批判》問世之後寫的，更重要的是，是在一七八九年法國大革命之後寫成，而當時他已經六十五歲了。從那時起，他的興趣不再只轉向在特殊者、歷史、人類的社會

46 Ibid.

性。我們今天所說的憲法是其中心——政治體應當的組織和構成方式、「共和」概念，即憲政、國際關係問題等等。這種變化的第一個跡象也許可以在《判斷力批判》第六十五節的注釋中找到，該注釋關係到美國革命（American Revolution），康德對此已經非常感興趣。他寫道：

最近，在偉大人民完全轉變為國家的過程中，**組織**一詞經常被恰當地使用於地方法院的規則等，甚或至整個政治體。因為在這樣一個整體中，每個成員肯定既是目的也是手段，而且，當所有人都為著實現整體的可能性而共同努力時，每個成員位置和功能都應該透過整體的理念來決定。

正是這個如何將某個人民（a people）組織成某個國家、如何建立國家、如何**確立**（*found*）一個聯邦，以及與這些問題相關的所有法律問題，在其最後的歲月裡一直困擾著他。這並不是說他從前對自然的詭計（ruse of nature）或人類單純的社會性的舊關切已完全消失。但它們經歷了一定的變化，或者更確切地說，以新的、意想不到的形式出現。因此，我們在《永久和平》中發現了一個奇怪的條款，規定了某種*Besuchsrecht*，即訪問外國的權利、接待的權利和「暫時居留的權利」。[47]而且，在同一篇論文中，我們再次發現自然這位偉大的藝術家，作為最終的「永久和平的保證」。[48]但如果沒有這種新的想法，他似乎不太可能以「法律學說」（Doctrine of Law）開始他的《道德底形上學》。他最終也不太可能會說（在《學院的爭議》〔*The Strife of the Faculties*〕的第二部分，其中最後一部分已經顯示出他思想退化的明顯證據）：「規劃國家憲法真是太甜蜜了〔*Es ist so süss sick Staatsverfassungen auszudenken*〕」——一個「甜蜜的夢想」，其實現了「不僅是可以想像的，而且……是一項義務，〔然而〕不是公民的義務，而是主權者的義務」。[49]

47 *On History*, ed. Beck, p. 102 (*Perpetual Peace*).

48 Ibid., p. 106.

49 Ibid., pp. 151-52, note (*The Strife of the Faculties*, Part II: "An Old Question Raised Again: Is the Human Race Constantly Progressing?").【編按】原文「康德政治哲學講座」中，康德晚年著作《學院的爭議》有兩種英譯 *The Strife of the Faculties* 和 *The Contest of the Faculties*，分別於第三講與第八講使用。

第三講

人們可能會認為，康德在他生命的晚期所面臨的問題——可以說，美國革命，甚至法國大革命，把他從政治沉睡中喚醒了（正如休謨在其年輕時將他從教條主義的沉睡中喚醒，以及盧梭在其成年時將他從道德沉睡中叫醒一樣）——就是如何將國家組織問題與他的道德哲學，即與實踐理性的支配相調和。令人驚訝的事實是，他知道他的道德哲學在這裡無濟於事。因此，他遠離一切道德說教，明白問題是如何迫使人「成為一個好公民，即使〔他在〕道德上不是一個好人」，並且「不能期望好的憲法源自於道德，相反，在良好的憲法下卻可以期望人民有良好的道德狀況」。[50]這可能會讓你想起亞里斯多德的言論，即「一個好人只有在一個好的國家中才能成為一個好公民」，除了康德的結論（這是如此令人驚訝，並且遠遠超出了亞里斯多德將道德與良好公民的區分）：

> 組織一個國家的問題，不管看起來多麼困難，只要有智慧，即使對於魔鬼的種族來說也

50 Ibid., pp. 112-13 (*Perpetual Peace*).

可以解決。問題是：「鑑於眾多理性存在者需要普遍的法律來保護自己，但每個人都祕密地傾向於使自己免受這些法律的約束，以這樣一種方式制定一部憲法，即儘管他們的私人意圖互相衝突，但他們彼此制約，其結果是他們的公共舉止彷彿沒有這種意圖一樣。」[51]

這段話至關重要。康德所說的是——去改變亞里斯多德的公式——一個壞人可以在一個好國家裡成為一個好公民。他在這裡對「壞」的定義是符合他的道德哲學的。絕對命令告訴你：始終以這樣的方式行事，使你的行為準則能夠成為某種一般法則，也就是說，「除非我也願意我的準則成為普遍法則，否則我永遠不會採取其他行動」。[52]事情的要點很簡單。用康德自己的話說：我可以有意願撒個別的謊言，但我「絕不能將有意願的說謊應當成為普遍的法則。因為有了這樣的法則，就根本再沒承諾可言」。[53]或者：我可以想去偷竊，但我不能將偷竊意願成為普遍的法則；因為有了這樣的法則，就不會有財產可言了。對康德來說，

51 Ibid., p. 112.

52 Kant, *Fundamental Principles of the Metaphysics of Morals*, trans. Thomas K. Abbott, Library of Liberal Arts (Indianapolis: Bobbs-Merrill, 1949), p. 19.

53 Ibid., pp. 20-21.

壞人就是那些為自己破例的人。他（壞人）**不**是一個有意願作惡的人，因為根據康德的說法，這是不可能的。因此，這裡的「魔鬼的種族」並不是通常意義上的魔鬼，而是那些「暗中傾向於豁免」自己的人。關鍵是**祕密地**：他們不能公開這樣做，因為那樣他們顯然會反對共同利益——成為人民的敵人，即使這些人是魔鬼的種族。而在政治裡，與道德不同，一切都取決於「**公共**舉止」。

因此，這段話似乎只能是在《實踐理性批判》**之後**才寫出來的。但這是一個錯誤。因為這也是前批判時期遺留下來的想法。只是現在它是根據康德的道德哲學來表述的。在《關於美感和崇高感的一些觀察》中，我們讀到：

> 在人類中，按照**原則**行事的人很少——這是極好的，因為人們很容易在這些原則上犯錯……那些出於**善心鼓動**而行事的人（比那些基於原則行事的人）要多得多……（然而，）那些經常控制動物世界的其他本能……也實現了大自然的偉大目的……（和）大多數人類……將他們最愛的自己固定在眼前，作為他們努力的唯一參考點，並且……力求將一切都圍繞著**自身利益**，就像圍繞著偉大的軸心一樣。沒有什麼比這更有利的了，因為他們是最勤奮、最

有秩序、最慎重的人。他們為整體提供支持和團結，但無意中卻為共同利益而服務。[54]

在這裡，甚至聽起來好像「魔鬼的種族」是必要的，以「提供必要的要求，並供給某些基礎，讓更美好的靈魂能傳播美與和諧」。[55]我們這裡有康德版本的啟蒙利己主義理論。這個理論有著非常重要的缺陷。但就政治哲學而言，康德立場的要點如下：首先，顯然只有假設「自然的偉大目的」在行動者背後一直運作，這項計畫才能奏效。否則，魔鬼的種族就會自我毀滅（在康德看來，邪惡一般都是會自毀的）。大自然想要保護物種，它對其子孫的所有要求就是他們要自我保存且具有頭腦；其次，康德堅信，為了帶來更好的政治變革，沒有需要也不必要求或希望人們的道德轉化或思想革命；第三，一方面強調憲法，一方面強調**公共性**（*publicity*）。「公共性」是康德政治思想的核心概念之一；在此脈絡，這表明他堅信邪惡的思想從定義上來說是祕密的。因此，我們在他的一部晚期著作《學院的爭議》中讀到：

54 *Observations on the Feeling of the Beautiful and Sublime*, (end of Section Two), trans. Goldthwait, p. 74.

55 Ibid.

> 為什麼一個統治者從來不敢公開宣稱，他絕對不承認那些反對他的人民有任何權利……？原因在於，這樣的公開聲明會激起所有臣民的反對。儘管作為溫順的綿羊，在一個仁慈而明智的主人的帶領下，吃飽喝足、受到強有力的保護，他們在想要的福利方面並沒有什麼好抱怨。[56]

與我選擇討論的康德主題，那照字面來說並不存在的主題——即是其沒有寫成的政治哲學——所提出的所有論證相反，這裡有一個我們永遠無法完全克服的反對意見。康德反覆闡述了他所認為的三個核心問題，這些問題使人們進行哲學思考，並且他以自己的哲學試圖對此給出答案，而這些問題中沒有一個涉及人是作為一種 *zōon politikon*（一種政治存在者）。[57] 在這些問題中——我能知道什麼？我該做什麼？我可希望什麼？——其中兩篇涉及形上學、上帝和不朽的傳統主題。如果相信第二個問題——我應該做什麼？——及其相關的

---

56 *On History*, ed. Beck, p. 145, note ("An Old Question Raised Again").

57 譯注：Zoon politikon（ζῷον πολιτικόν）是古希臘哲學關於人性或人的本質的討論時用到的專門用詞，主要發揚者為亞里斯多德，通常翻譯為「政治動物」，與更為著名的人性定義「理性動物」（Zoon logikon〔ζῷον λογικόν〕）相關。可參考亞里斯多德《政治學》，1253a。

自由觀念，可以以任何方式幫助我們進行探究，但那將是一個嚴重的錯誤。（相反，當我們試著去想，如果康德有時間和力量充分表達它，他的政治哲學將會是什麼樣子，我們會看到，康德表達問題和回答問題的方式，將會是我們的方式——而且當康德試圖調和他的政治洞見與其道德哲學時，也可能是以康德自己的方式。）第二個問題根本不涉及行動，康德也沒有把行動納入考慮。他闡明了人類基本的「社會性」，並列舉了其中的一些元素：可溝通性（communicability）、即人對溝通的需要，以及公共性、**公共的**自由（the *public* freedom），不僅是思考的自由，也是發表的自由——「用筆的自由」（the "freedom of pen"）；但他既不知道**行動**的能力也不知其需要。

因此，在康德那裡「我該做什麼？」這問題涉及獨立於他者的自我行為——同樣的自我想知道什麼對人類來說是可知的，什麼仍然是不可知、但仍然是可思考的，以及同樣的自我也想要知道，在不朽的問題上，他可能合理地希望什麼。這三個問題以一種基本上非常簡單、幾乎原始的方式相互聯結。在《純粹理性批判》中給出的第一道問題的答案，告訴我能知道、以及——歸根結柢更為重要的是——我不能知道什麼。康德的形上學問題真正是要處理我不能知道的是什麼。儘管如此，我還是忍不住要思考那些我不知道的事情，因為它關係到我最感興趣的事情：上帝的存在；自由，沒有自由，人的生活就會變得毫無尊嚴，變得

「野蠻」；以及靈魂的不朽。用康德的術語來說，這些都是實踐問題，是實踐理性告訴我如何思考它們。甚至宗教對於作為理性存在者的人來說，「單在理性界限內」（**within the limits of Reason alone**）也是存在的。[58]我主要的興趣、我所希望的，是來生的幸福；為此，如果我配得上的話——也就是說，如果我以正確的方式行事的話，我可以如此希望。在他的一門講座以及他的反思中，康德在這三道問題的基礎上，添加了第四道問題，旨在對它們作出總結。這就是「人是什麼？」這道問題，但這最後一道問題卻未曾在三本《批判》裡出現。

此外，由於「我要如何判斷？」這個問題——這屬於第三《批判》的問題——也同樣缺席，所以基本的哲學問題，都甚至沒有提到人類多元性的條件——當然，除了隱含於第二道問題的前題：如果沒有其他人，我自己的行為就沒有太大意義。但是康德堅持對自己的責任，他堅持道德責任應該不受任何傾向的影響，並且道德法則不僅對這個星球上的人有效，而且對宇宙中所有智性存在者有效，這把這種多元性的條件限制到最低程度。這三個問題背後的想法源自自身的利益，而不是對世界的利益；雖然康德全心全意地同意古老的羅馬格

58 譯注：「單在理性界限內」這句是源自康德晚期作品《單在理性界限內的宗教》（*Die Religion innerhalb der Grenzen der bloßen Vernunft*, 1793）之名（取自李明輝之譯名）。

言：「*Omnes homines beati esse volunt*（所有人都渴望幸福）」，但他覺得自己無法接受幸福，除非他確信自己值得擁有幸福。換句話說——康德多次重複這些話，儘管通常只是作為旁白——一個人最大的不幸就是自暴自棄。他在給孟德爾頌（Mendelssohn）的一封信（一七六六年四月八日）中寫道：「失去自我認可｛*Selbstbilligung*｝，將是發生在我身上的最大的不幸」，而不是失去他從任何其他人那裡所得的尊重。（想想蘇格拉底的一句話：「跟眾人不和，總比我作為一個人跟自己過不去要好。」）因此，個人今生的最高目標，就是獲得在地球上無法實現的幸福。與這種最終的關注相比，人類在這一生中可能追求的所有其他目標跟意圖——當然包括自然在我們背後策劃，無論如何也是可疑的物種進步想法——都是邊緣事務。

然而，在這一點上，我們至少必須提到政治與哲學之間的關係這一奇怪的難題，或者更確切地說，哲學家對整個政治領域可能持守的態度。可以肯定的是，其他哲學家做了康德沒有做的事情：他們寫了政治哲學；但這並不意味著他們因此對之有更高等的意見，也不意味著他們的政治關懷在其哲學中更為核心。這樣的例子多得不知如何從頭算起。但柏拉圖寫《理想國》（*Republic*）顯然是為了證明哲學家應該成為國王的觀點是正確的，不是因為他們會享受政治，而是因為，首先，這意味著他們不會被比自己更糟糕的人統治；其次，這將在聯邦裡帶來完全的安靜、絕對的和平，這無疑構成了哲學家生活的最佳條件。亞里斯多德並沒有跟隨柏拉圖，但即使是他也認為，追根究柢**政治的生命**（*bios politiko*）是為了**理論的生命**（*bios theōrētikos*）而存在的。而且，就哲學家本人而言，他甚至在《政治學》（*Politics*）中也明確表示，只有哲學才允許人們 *di' hautōn chairein*，即獨立自足地享受自身，無須他人的幫助或在場[59]，由此可見，這種獨立，或者更確切地說，自給自足，是最大的好處之一。（當然，根據亞里斯多德的說法，只有積極的生活才能保證幸福；但是，如果這種「行動」包含在「思想和一系列反思」中，而本身是既獨立且完整的，那麼這種「行動」就不必是……涉及與他人關係的生活。）[60]斯賓諾莎在他的一篇政治論文的標題中說，他的最終目標不是政治，而是**哲思的自由**（*libertas philosophandi*）。[61]甚至連霍布斯（Hobbes），他肯定比任何其他政治哲學作者都更接近政治關懷（馬基維利〔Machiavelli〕、布丹〔Bodin〕和孟德斯鳩都不能說他們一直關注哲學），也寫了他的《利維坦》（*Levianthan*），以避開政治風險，確保人性上可能做到盡量多的和平與安寧。除了霍布斯之外，他們所有人

---

59 Aristotle, *Politics* 1267a10 ff.

60 Ibid., 1325b15 ff.

61 譯注：或譯「學術自由」。

都會同意柏拉圖的觀點：不要把人類事務的整個領域看得太認真。帕斯卡（Pascal）討論這些問題的言詞，是按照法國道德家的風格寫的，因此是無禮、新穎（在這詞的兩個含義亦然）[62]，而且是諷刺的，盡管可能有點誇大其詞，但並未錯過重點：

> 我們只能想到身穿隆重大學術長袍的柏拉圖和亞里斯多德。他們都是誠實的人，和其他人一樣，與眾同樂，而當他們想消遣時，他們就寫**法律**或**政治**來自娛。他們生活的這一部分，是最不哲學、最不認真的。最富哲理的〔事情〕就是簡單安靜地生活。如果他們寫論政治，就如同要為瘋人院制定規則；如果他們表現出談論大事的樣子，那是因為他們知道，與他們交談的瘋子認為他們自己是國王和皇帝。他們遵從自己的原則，是為了盡量減少自己的瘋狂所帶來的傷害。[63]

62 譯注：即包括了新穎和放肆的兩義。

63 Blaise Pascal, *Pensées*, no. 331, trans. W. F. Trotter (New York: E. P. Dutton, 1 958).

第四講

我給你讀一段帕斯卡的「思想」，務求讓你留意到哲學與政治之間的**關係**，或者更確切地說，讓你留意到幾乎所有哲學家對人類事務領域的態度（*ta tōn anthrōpōn pragmata*）。羅伯特・卡明（Robert Cumming）最近寫道：「現代政治哲學的主題……不是城邦（polis）或其政治，而是哲學與政治之間的關係。」[64]這評語實際上適用於所有政治哲學，而最重要的是，適用於其於雅典之起源。如果我們從這一般的角度來考慮康德與政治的關係——也就是說，不僅僅將某種一般特徵、即某種**專業訓練**（*déformation professionnelle*）歸因於他——我們就會發現某些一致意見和某些非常重要的分歧。最主要且最引人注目的一致是對生與死的態度。相信你記得柏拉圖曾經說過，只有他的身體仍然居住在城裡，並且在《斐多篇》（*Phaedo*）中解釋，何以普通人說哲學家的生活就像是死亡是多麼的正確。[65]死亡作為肉身與靈魂的分離，他是歡迎的。不知何故，他愛上了死亡，因為肉身及其伴隨的所有要求，

---

64 Robert D. Cumming, *Human Nature and History: A Study of the Development of Liberal Political Thought* (Chicago: University of Chicago Press, 1969), vol. 2, p. 16.

65 *Phaedo* 64.

不斷地干擾著靈魂的追求。[66]換句話說，真正的哲學家並不接受，生命賦予人類的條件。這並非柏拉圖一時興起的念頭，也並為僅僅來自他對肉身的敵意。它隱含在巴曼尼得斯（Parmenide）為逃避「凡人的意見」（the opinions of mortals）和感官經驗的幻覺而前往天堂的旅程中，也隱含在赫拉克利特（Heraclitus）遠離其城邦同伴、以及在那些當被問及其真正的家園而指向天空的人之中；也就是說，它隱含在愛奧尼亞（Ionia）哲學的開端之中。如果我們跟羅馬人一樣，將活著理解為*inter homines esse*[67]的同義詞（而*sinere inter homines esse*則理解為死去），那麼我們就有了關於自畢達哥拉斯（Pythagoras）時代以來，哲學中的教派性傾向的第一條重要線索：對面生存以及必須活在人群之中這回事，退隱於某個宗派裡，已是第二好的治療方案。最令人驚訝的是，我們在蘇格拉底身上發現了類似的立場，畢竟是他將哲學從天上帶落到人間。在《申辯錄》（*Apology*）中，他把死亡比作無夢的睡眠。他說，即使是偉大的波斯國王也會發現，很難記得他度過多少個日與夜，會比一個不受夢境打擾的睡眠更好或更愉快的夜晚。[68]

66 Ibid. 67.
67 譯注：可譯作「活於在人群中」。
68 *Apology* 40.

評估希臘哲學家的這些證詞存在某種困難。他們必須與希臘普遍的悲觀主義相對照，這種悲觀主義活現於索福克里斯（Sophocle）的名言中：「不出生，勝過文字所能說出的一切意義；到目前為止，於生命而言好的事，是當其出現就盡快回去。」（*Mē phunai ton hapanta nika logon; to d', epei phanē, bēnai keis' hopothen per hēkei polu deuteron hōs tachista*｛《伊底帕斯在科羅納斯》〔Oedipus at Colonus〕，1224-26｝）。這種對生命的感覺隨著希臘人的消失而消失了；相反，那並未消失而又對後來傳統產生了最大可能影響的，是對哲學相關所有內容的估算——無論作者仍是出於特定的希臘經驗、還是出於哲學家的特定經驗而說。幾乎沒有一本書比柏拉圖的《斐多篇》影響更大。羅馬和古典晚期時代的普遍觀念是，哲學首先教導人們如何死亡，乃其通俗版本。（這是「不希臘的」〔un-Greek〕：在羅馬，從希臘引進的哲學，是老年人所關注的；反之，在希臘，哲學是為了年輕人的。）對我們來說，這裡的要點是，這種對死亡的偏好，在柏拉圖之後成為了哲學家的普通主題。當斯多葛主義的創始人芝諾（在公元三世紀）問德爾斐神諭，他應該做什麼才能獲得最好的生活時，神諭回答說：「呈露亡者之色。」（Take on the color of the dead.）跟往常一樣，這句話是曖昧不明的。它可能意味著，「像已死般活著」（Live as though you were dead），或者正如芝諾本人所解釋的那樣，「學習古人」。（因這軼事來自生活在公元三世紀的第歐根尼．拉爾修〔Diogenes

Laeritus〕{《名哲言行錄》〔*Lives of the Philosophers* 7. 21〕}），德爾斐神諭的文字和芝諾的解釋都並不確定。）

這種對生命直率的懷疑並不能肆無忌憚地在基督教時代裡生存，而原因我們在此並不關心；你會發現，在現代神義論中，亦即在神的證成過程中，這種懷疑以一種特有的方式發生轉變，當然，在此背後有潛伏著某種懷疑，即我們所熟知的生命亟需被證明。這種對生命的懷疑，意味一種對整個人類事務領域的降格，「其讓人憂鬱的雜亂」（康德），是顯而易見。這裡的重點並不是說，世間的生命並不是不朽的，而是說，正如希臘人所言，它並不像眾神的生活那樣「輕鬆」，而是麻煩的，充滿憂慮、擔心、悲傷和憂愁的，而且痛苦和不快總是超過快樂和滿足。

在這種普遍悲觀主義的背景下，了解哲學家並沒有抱怨生命的消逝或短暫是很重要的。康德甚至明確提到了這一點：「更長的壽命只會延長了一場與麻煩不斷交戰的遊戲。」[69] 如果「人類可以期待八百年或更長的壽命」，那麼該物種也不會受益；因其惡行「被賦予如此長的壽命，但到了一定程度，除了從地球上被抹去之外，不會有更好的命運」。當然，這與

69 *On History*, ed. Beck, p. 67 ("Conjectural Beginning of Human History").

物種進步的希望是矛盾的，因為老死和新生不斷地打斷了物種進步的希望，新成員必須花很長時間學習老成員已經知道的東西，如果他們被賦予壽命更長的話，他們本來可以進一步發展。

因此，生命本身的價值受就到威脅，在這方面，幾乎沒有任何後古典哲學家能像康德那般，在這點上與希臘哲學家們達成成一致（儘管他並未意識到這一點）。

生命對我們來說的價值，如果用**我們所享受的**（即幸福）來衡量，就很容易決定。若是它降到零之下；又有誰願意在同樣的條件下重新開始生活呢？即使是根據一個新的、自我選擇的計畫（但也符合大自然的進程），如果它只是為了享受，誰願意這樣做呢？[70]

或者，關於神義論：

（若神的良善的辯解在於）呈現於人類的命運中，邪惡並不會超過生活中的愉快享受，

70 *Critique of judgment*, §83 (note).

因為每個人，無論他的處境多麼糟糕，都寧生莫死，……對此詭辯，我們可以把答案留給每一個活得足夠長、反思過生命價值的人的良好判斷力。你只需要問他是否願意再玩一次生命遊戲，不是在相同的條件下，而是在我們塵俗世間的、並不是在那些如仙境的任何條件之下。[71]

在同一篇文章，康德將生命稱為「試用期」，其間即使是最優秀的人也「會惴惴不安地度過其一生」（*seines Lebens nicht froh wird*），他在《人類學》（*Anthropology*）中談到「彷彿壓在生命本身之上的負擔」。[72]而且，你是否應該認為——因為重點是享受、快樂、痛苦和幸福——對康德來說，作為一個人和一位哲學家，這是一件小事，那他曾經他留下的大量反思筆記（直到本世紀才出版）中寫道，只有愉悅與不悅（*Lust* and *Unlust*）「構成絕對者，因為它們就是生命本身」。[73]但你也可以在《純粹理性批判》中讀到，理性「發現自己被迫

---

71 Kant, „Über das Misslingen aller philosophischen Versuche in der Theodicee“ (1791), in *Gesammelte Schriften*, Prussian Academy edition, 8:253-71.

72 *Anthropology from a Pragmatic Point of View*, § 29, trans. Mary J. Gregor (The Hague: Nijhoff, 1974).

73 *Gesammelte Schriften*, Prussian Academy ed., 18:11.

假定」有一種未來生活，這種生活跟「價值與幸福」是恰當地連結在一起的；「否則，它就必須將道德法則視為大腦的空洞構想｛*leere Hirngespinste*｝。」[74]如果對「我可以希望什麼？」這問題的回答是「未來世界的生活」，那麼，重點就不再落在不朽，而是落於一種更好的生活。

我們現在先來看看康德自己的哲學，看看他用什麼思想能夠克服這種根深蒂固的憂鬱傾向。毫無疑問，這是康德本人的情況，他自己也很清楚這一點。以下對「心境憂鬱的人」的描述無疑是一幅自畫像。這個男人

> 很少關心別人的評價，他們認為什麼是好的或真實的｛Selbstdenken｝……誠實是崇高的，他討厭謊言或掩飾。他崇尚人性尊嚴。他珍視自身，並把人類視為值得尊敬的生物。他不會忍受墮落的順從，且在高貴的胸懷中呼吸著自由。所有的枷鎖，從宮廷裡戴的鍍金鎖鏈、到戰船奴隸的沉重鐵鍊，對他來說都是可憎的。他對自己和他人都是嚴格的評判者，且

---

74 *Critique of Pure Reason*, B839.

不乏對自己和對世界感到厭倦……他有成為空想家或怪人的危險。[75]

然而，在我們的探究中，我們不應該忘記，康德與哲學家分享了他對生活的整體評價，而康德與這些哲學家既沒有共同的學說，也沒有這種特定的憂鬱。

有兩點特有的康德式想法浮現腦海。第一點想法包含在啟蒙時代（Age of Enlightment）所謂的進步之中，這點我們已經談過。進步是物種的進步，因此對個人來說沒有什麼大作用。但是，從歷史和人類作為整體來看，進步思想意味著忽視特殊者，並將將注意力轉向「普遍者」（universal）（正如人們在《**普遍**〔一般的〕歷史之觀念》的標題中所發現的那樣），在其脈絡之下，特殊者才有意義——對於整體而言，特殊者的存在是必要。可以說，從本身並無意義的特殊者、到從普遍者中獲得意義此一出路，當然並非康德所獨有。在這方面最偉大的思想家是斯賓諾莎，他默許一切——這是他對**命運之愛**（*amor fati*）。但在康德那裡，你也會一再發現，戰爭、災難和普通的邪惡或痛苦，對於「文化」的產生是多麼必要的概念。沒有它們，人類就會重新陷入只求動物式滿足的野蠻狀態。

75 *Observations on the Feeling of the Beautiful and Sublime*, trans. Goldthwait, pp. 66-67.

第二點想法是，康德對於人作為個體的道德尊嚴的看法。我之前提過康德式的問題：人究竟為何存在？根據康德的說法，只有當人們把人類與其他物種彷彿視作同一水平（並且在某種意義上著實**是**處於同一水平）時，才能提出這個問題。「對於**作為一個道德存在者**（*as a moral being*）之人類（以及世界上每一個理性生物｛即在宇宙中，不僅僅是地球上｝），不能再被問為什麼（*quem in finem*）｛為了什麼目的｝而存在」[76]，因為他本身就是目的。

我們現在對人類事務有三種截然不同的概念，或藉此可考慮的視角：我們有人類物種（Human species）及其進步過程；我們有作為道德存在、並以自身為目的之人（man）；我們有代表複數的人（men in the plural），他們實際上是我們考慮的中心，正如我之前提到的，他們真正的「目的」（end）是**社會性**（*sociability*）。區分這三種視角是理解康德的必要前提。每當他談到「人」時，我們必須知道他說的到來是人類物種；還是道德存在者，即也可能存在於宇宙的其他部分的理性造物；抑或是作為地球實際居民複數的人（men）。

總結：人類物種＝人類（Mankind）＝自然的部分＝受制於「歷史」，自然的詭計＝在

76 *Critique of judgment*, § 84 (italics added).

「目的」的理念下被考慮，目的論判斷：《判斷力批判》的第二部分。

單數的人（Man）＝合理性的存在者（reasonable being），服從他賦予自己的實踐理性法則，自律（autonomous），自身為其目的，屬於**精神王國**（*Geisterreich*），智性存在者領域（realm of intelligible beings）＝《實踐理性批判》和《純粹理性批判》。

複數的人（Men）＝地球上的造物，在社群中生活，具有常識（common sense）、**共通感**（*sensus communis*）、社群意識（a community sense）[77]；非自律，甚至需要彼此的陪伴來作思考（「用筆的自由」）＝《判斷力批判》第一部分：審美判斷。

---

77 譯注：common sense 一般譯為「常識」，但在《判斷力批判》中，康德把它跟拉丁語 sensus communis 拉上關係，賦予其「人與人之間共通的感受能力」此一意義，而在此脈絡下，二者在大部分情況下屬可互換的用詞。但為使讀者能有所區分，下文會因應情況把 common sense 譯為「常識」或「共感」，而 sensus communis 則譯為「共通感」。詳情可見第十講後鄂蘭的集中討論。

第五講

我曾說，我要指出康德作為哲學家對人類事務的態度與其他哲學家，特別跟柏拉圖的態度上的一致與分歧。目前我們將自己限制在這要點上：哲學家對待人世生命本身的態度。如果你回想一下《斐多篇》，以及其中哲學家以某種方式愛上死亡的動機，你會記得，儘管柏拉圖鄙視肉體的快樂，但他並沒有抱怨不快超過了快樂。關鍵在於，快樂和不快樂一樣，會使人分心，並使其誤入歧途，如果你追求的是真理，肉身就是種負擔，而真理是非物質的，超越感官知覺的，只能透過靈魂之眼（the eyes of soul）來感知，這也是非物質的，超越感官知覺的。換句話說，只有不受感官干擾的心靈才有可能獲得真正的認知。

當然，這不可能是康德的立場，因為他的理論哲學認為，所有的認知都依賴感性（sensibility）和智性（intellect）的相互作用和合作，而他的《純粹理性批判》被正確地稱為對人類感性的辯護，即使算不上是頌揚。即使在他年輕的時候——當時仍然受到傳統的影響，他對肉身表達了某種柏拉圖式的敵意（他抱怨身體干擾了思維的敏捷性｛*Hurtigkeit des*

Gedankens｝，從而限制和阻礙了心靈）[78]——也沒有聲稱肉身和感覺是錯誤和罪惡的主要根源。

實際上，這有兩個重要後果。首先，對康德來說，這位哲學家澄清了我們所有人都有的經驗；他並不主張哲學家可以離開柏拉圖洞穴（Platonic Cave），或加入巴曼尼得斯的天堂之旅，也不認為哲學家應該成為某個教派的成員。對康德來說，哲學家仍然是個如同你我的人，生活在他的人類同胞裡，而**並非**在他的哲學家同伴裡。其次，從愉悅與不悅的角度來評價生活的任務——柏拉圖和其他人聲稱只有哲學家才能做到這一點，他們認為許多人對如此這般的生活感到頗為滿意——康德的主張我們能預期，每個有理智的普通人都應該反思過生活。

反過來，這兩種後果顯然只是同一枚硬幣的兩面，而這枚硬幣的名字就是「平等」（Equality）。讓我們思考一下康德著作中的三個著名段落。前兩段來自《純粹理性批判》，回答了一些反對意見：

78 Kant, *Allgemeine Naturgeschichte und Theorie des Himmels* (1755), Appendix to Part III, *Gesammelte Schriften*, Prussian Academy ed., 1:357.

你真的要求一種涉及全人類的知識，而這種知識理應超越一般理解，並且只能由哲學家向你揭示嗎？……〔在〕涉及所有人、無差別的事務裡，大自然不會因為任何不公平地分配她的禮物而有罪，並且……就人性的基本目的而言，即使是最平常的理解上，最高的哲學不可能比在自然所賦予的指導下更進一步。[79]

連同這點，請考慮《批判》的最後一段：

如果讀者有禮貌和耐心地陪我走這條路，他現在可以自己判斷；如果他願意伸出援手，使**這條路成為一條康莊大道**，那麼是否有可能在本世紀完結前實現許多世紀都未能實現的目標；也就是說，確保人類理性對其一直熱切關注的事物、卻儘管迄今為止徒勞無功的事上獲得完全的滿足。[80]

---

79 *Critique of Pure Reason*, B859.
80 Ibid., B884 (italics added).

第三段屬自傳性的，被多次引用：

> 我天性上是個求知者。我對知識有著強烈的渴望，對知識進步的渴望常伴隨內心的騷動不安，並且在每次的進步裡感到滿足。曾幾何時，我認為這是人類的榮耀，我鄙視〔那些〕一無所知的人。盧梭糾正了我｛*hat mich zurecht gebracht*｝。這種盲目的偏見消失了，我學會了尊重人。如果我不相信〔我正在做的事情〕能夠在建立人類權利方面為所有其他人帶來價值，我會認為自己比普通勞動者更無用。[81]

哲學思索（Philosophizing）或理性思考，那超越所能知的界限，即人類認知的界線，對康德來說是種一般的人類「需要」，作為一種人類能力的理性需要（the need of reason）。它並不把少數人跟多數人對立起來。（在康德那裡，如果少數人和多數人之間有一條明晰的界線，那更像是個道德問題：人類的「污點」就是撒謊，被解釋為一種自我欺騙。「少數人」

81 „Bemerkungen zu den Beobachtungen über das Gefühl des Schonen und Erhabenen," *Gesammelte Schriften*, Prussian Academy ed., 20:44.

是那些對自己誠實的人。）然而，隨著這種古老區分的消失，一些奇怪的事情發生了。哲學家對政治的關注消失了；他對政治不再有任何特殊興趣；沒有私心（self-interest），亦因而沒去要求權力或建制來保護哲學家以對抗多數人。他同意亞里斯多德的觀點，反對柏拉圖的觀點，認為哲學家不應該統治，但統治者應該願意傾聽哲學家的意見。[82]但他不同意亞里斯多德的觀點，即哲學的生活方式是最高尚的，而政治的生活方式追根究柢，是為了**理論的生命**而存在。隨著放棄這種等級制度，也就是放棄所有等級結構，政治與哲學之間舊有的緊張關係就完全消失了。結果是政治及撰寫政治哲學，來為「瘋人院」制定規則的必要性，不再是哲學家的緊迫任務。用艾瑞克・魏爾（Eric Weil）的話說，它不再是「*une préoccupation pour les philosophes; elle devient, ensemble avec l'histoire, un problème philosophique*」（{它不再僅僅是「哲學家焦慮的根源；它與歷史一起，變成了是一個真正的哲學問題」}。）[83]

此外，當康德談到生命似乎是本身的負擔時，他提到了愉悅的奇特性質，柏拉圖在不同

---

82 Aristotle's epistle to Alexander, "Concerning Kingship," in Ernest Barker, The Politics of Aristotle (Oxford: Oxford University Press, 1958), p. 386.

83 Eric Weil, " Kant et le probleme de Ia politique," in *La Philosophie Politique de Kant*, vol. 4 of *Annales de Philosophie Politique* (Paris, 1962), p. 32.

的背景下也談到了這點；也就是說，所有的愉悅都會驅散不悅，一種只包含愉悅的生活實際上會缺乏一切愉悅——因為人無法感受到或享受到它——因此，一種完全純粹的愉悅，它既不會緬懷之前的需求的、或恐懼必然到來的損失，是不存在的。幸福作為靈魂和肉身的一種堅實、穩定的狀態，對世人來說是不可想像的。需求越大，不悅越強，將來得到的愉悅就越強烈。這規則僅有的例外，那就是我們在面對美時所感受到的愉悅。康德將這種愉悅稱為「非關利害的愉悅｛*uninteressiertes Wohlgefallen*｝」，並故意選了一個不同的詞來形容它。我們稍後會看到，在康德從未寫過的政治哲學中，這個概念扮演著多麼重要的角色。在他身後出版的一篇反思錄中，他間接提到了這點，他寫道：「人類被全然的自然之美所影響這一事實證明，他是為這世界而生並也適合這個世界。｛Die schönen Dinge zeigen an, dass der Mensch in die Welt passe und selbst seine Anschauung der Dinge mit den Gesetzen seiner Anschauung stimme.｝」[84]

讓我們假設康德寫了一部神義論，在理性法庭上為造物主辯護。我們知道他並未做過這事；相反，他寫了一篇關於〈論於神義論中所有哲學嘗試的失敗〉（failure of all philo-

---

84 "Reflexionen zur Logik," no. 1820a, *Gesammelte Schriften*, Prussian Academy ed., 16 : 1 27 .

sophical attempts in theodicies）的文章，並在《純粹理性批判》中證明了上帝存在的一切論證都是不可能的（他採取了約伯的立場：上帝的道路是莫測高深的）。儘管如此，如果他有寫成一部神義論，世間事物之美此一事實將在其中發揮重要作用——就像著名的「道德律於我內」（moral law within me）[85]，即人類尊嚴這事實一般重要。（神義論所依賴的論點是，如果你審視**整體**，你會發現你所抱怨的特殊者是不可或缺的部分，因此，它的存在是合理的。在一篇關於樂觀主義的早期文章｛一七五九年｝中，[86]康德採取了類似的立場：「整體是最好的，並且，為了整體一切都是好的。」我懷疑他後來是否還能夠像他在那裡所寫那樣：「我向每一個造物呼喊……向我們致敬，我們存在！｛Heil uns, wir sind!｝。」但這種讚美是對「整體」的讚美，即對世界的讚美；康德年輕時仍然願意為在世界中存在，而去付出生命的代價。）這也是為什麼他如此不尋常地激烈攻擊「蒙昧主義的聖賢」（obscurantist

---

85 譯注：這句話出自《實踐理性批判》總結。原句為：「有兩件事人們越經常、越堅定地思考，心中就會充滿新的、不斷增長的欽佩和崇敬：**在我頂上的星空，於我內的道德律**。」（Zwei Dinge erfüllen das Gemüt mit immer neuer und zunehmenden Bewunderung und Ehrfurcht, je öfter und anhaltender sich das Nachdenken damit beschäftigt: *Der bestirnte Himmel über mir, und das moralische Gesetz in mir*.）

86 Kant, „Versuch einiger Betrachtungen über den Optimismus"(1759), in *Gesammelte Schriften*, Prussian Academy ed., 2:27-35.

sages）[87]的原因，這些聖賢在「部分令人作嘔的寓言」中，「完全輕蔑地」提出，「我們的世界〔地球〕，人類的住所」作為

> 一家**旅館**（*inn*）……每個在那裡度過人生旅途的人，都必須準備好很快被繼任者取代；作為**宗教裁判所**（*penitentiary*）……為了懲罰和淨化被逐出天堂墮落的靈魂……；作為**瘋人院**（*lunatic asylum*）……；就像一個**下水道**（*cloaca*），所有來自其他世界的垃圾都被召喚到其中……整個宇宙的〔某種〕便所。[88]

因此，讓我們暫時保留以下想法。世界是美麗的，因此是適合複數的人（men）居住的地方，但單數的人（man）永遠不會選擇再次生活。單數的人作為一個道德存在者，其本身就是一個目的，但人類物種是不斷進步的，當然，這在某種程度上與單數的人作為一個道德和理性的生物，即其自身的目的相對立。

---

87 譯注：或譯作「反啟蒙主義的聖賢」。

88 *On History*, ed. Beck, pp. 73-74, note ("The End of All Things").

如果我是說的沒錯，在康德之中存在著某種政治哲學，但與其他哲學家不同的是，他從未寫成它，那麼很明顯，我們應該能夠在他的全部作品中發現它（如果我們能夠找得著的話），而不僅僅是通常在此標題下收集的幾篇文章。一方面，如果他的主要著作根本不包含任何政治意涵，另一方面，如果涉及政治主題的外圍著作僅包含外圍思想，與他嚴格的哲學著作無關，那麼我們的探究就毫無意義，充其量是出於對古文物的興趣。若我們關心這些問題就違背了康德的精神，因為博學的熱情對他來說是格格不入的。正如他在反思錄中指出的那樣，他並不打算「把他的腦袋變成一張羊皮紙，在上面潦草地寫下檔案中半生不熟的舊訊息｛Ich werde ja meinen Kopf nicht zu einem Pergament machen, um alte halb-erloschene Nachrichten aus Archiven darauf nachzukritzeln｝。」[89]

讓我們從今天不會讓任何人感到驚訝，但仍然值得考慮的事情開始。除了沙特（Sartre）之外，在康德之前或之後，沒有人寫過一本名以《批判》為名的著名哲學著作。我們對康德為何選擇這個令人驚訝且有些貶義的標題知之甚少，彷彿他的本意不過是要批評他所有的前輩。可以肯定的是，他用這個詞的意思不止於此，但他的頭腦中從未完全沒有負

---

89 "Reflexionen zur Anthropologie," no. 890, *Gesammelte Schriften*, Prussian Academy ed., 15:388.

面含義：「真正理性的整個哲學只是針對這種負面利益」[90]——亦即，使理性「純粹」（pure），以確保沒有任何經驗、任何感覺能夠進入理性的思考。正如他自己所指出的，這個詞可能是由「批判的時代」（age of criticism）——即「啟蒙時代」向他提出的，並且他評論「正是這種負面態度構成了真正的啟蒙運動」。[91]啟蒙在此脈絡下意味著從偏見、權威中解放出來，是一件淨化事件。

> 在特殊意義下，我們的時代是一個批判的時代，一切都必須服從這樣的批判。宗教……和立法……可能會尋求將自己排除在外。但他們隨後只會引起懷疑，而不能獲得理性所賦予的真誠尊重，理性僅賦予尊重給那些能夠承受自由的考驗和公開審查的事物。[92]

這種批判的結果是*Selbstdenken*，即「運用你自己的心靈」。康德運用自己的心靈，發現

---

90 Karl Jaspers, *Kant*, ed. H. Arendt (New York: Harcourt, Brace & World, 1962), p.95.（雅士培引用了康德卻未提供參考資料，但請參見 *Critique of Pure Reason*, B823.）

91 *Critique of Judgment*, §40 (note).

92 *Critique of Pure Reason*, Axi, note (Preface to the first edition).

了「理性的醜聞」，也就是說，引導我們誤入歧途的不僅僅是傳統和權威，還有理性能力本身。因此，「批判」意味著試圖發現理性的「來源和限制」。因此，康德認為他的批判只是「體系的前言」，而「批判」在這此是與「學說」對立的。康德似乎認為，傳統形上學的問題不在於「學說」本身。因此，批判意味著「制定完整的建築計畫（architectonic plan）……以保證……所有部分的結構完整性和確定性」。[93]因此，批判將使得評估所有其他哲學體系成為可能。而再一次，這與十八世紀的精神相關連，十八世紀對美學、藝術和**藝術批評**（*art criticism*）有著巨大的興趣，其目標是為品味制定規則、建立藝術標準。

最後也是最重要的是，批判這個詞一方面與教條式形上學相對立，另一方面與懷疑主義相對立。對兩者的答案皆是：批判思考（Critical thinking）。它不向任何一者屈從。就其根本，它是一種新的思考方式，而不僅僅是為某種新學說作準備。因此，在看似負面的批判工作之後，不可能緊接著看似正面的制定系統事業（business of system-making）。這也確實發生了，但是從康德的觀點看，這不過是另一種教條主義。（康德在這一點上從來都不是表達得很清楚和明確的；如果他能夠看到，他的《批判》在純粹的思辨中如何解放費希特、謝林

93 Ibid., B27.

和黑格爾，他可能會更清楚一點。）根據康德的說法，哲學本身已經在批判和啟蒙時代——當人已經進入成年的時代——變得具有批判性。

如果認為批判思考介於教條主義和懷疑主義之間，那就大錯特錯了。實際上，批判思考是擺脫這些替代方案的途徑。（從傳記的角度來說：這是康德克服舊的形上學派——沃爾夫和萊布尼茲——以及那將他從獨斷的昏睡〔dogmatic slumber〕中喚醒、休謨的新懷疑主義的途徑。）作為教條主義者（dogmatists），我們都以某種方式開始；我們要麼在哲學上專橫獨斷（dogmatic），要麼透過相信某些教會的教條（dogmas），或以啟示來解決所有問題。對此，人們的第一個反應是懷疑主義，這是由**許多**教條不可避免的經驗所引發的，而所有這些教條都聲稱擁有**唯一的**真理：結論是不存在真理這樣的東西，因此我可以任意選擇一些獨斷的學說（就真理而言是任意的：我的選擇可能只是出於各種利益的推動，而且完全是講求實利的）。或者，我可能只會對如此無利可圖的事業聳一聳肩。真正的懷疑論者（skeptic），亦即聲稱「不存在真理」的人，會立即得到教條主義者的回答：「但是，你這樣說就意味著你**確實**相信真理；你主張你的陳述，即沒有真理，具有效性（validity）。」看來他已贏得了這場爭論。但也不過在爭論上看來如上。懷疑論者可以回答說：「這純粹是詭辯。你很清楚我的意思，儘管我無法用語言表達出來，而不出現貌似真實的矛盾。」於是教條主義者馬上會說：「看到了嗎？語言本身就在反對你。」而且，由於教條主義者通常是相當好鬥的傢伙，他會繼續說：「既然你足夠聰穎得能理解這個矛盾，我必須得出結論，你有摧毀真理的**興趣**；你是個虛無主義者。」批判的立場與這兩者都背道而馳。它會以謙虛的態度建議自身。它會說：「也許，人雖然有某種關於真理的想法、理念，來調節他們的心智過程，但為有限的存在者，他們沒有能力企及那**唯一的**真理。（蘇格拉底：「沒有人是明智的。」）同時，他們完全有能力探究所被賦予的人類能力——我們不知道是誰或如何賦予的，但我們必須與之共存。讓我們分析，我們能知道什麼**和**不能知道什麼。」這就是為什麼他的書名為《純粹理性**批判**》。

第六講

我們之前一直討論「批判」（critique）這個詞，根據康德自己的理解，他是從啟蒙時代引進這個詞的；如果在我們的陳述裡曾超越了康德的自我詮釋，我們仍保持在康德的精神之內。正如他自己所說，後人往往「比作者更理解他自身」。[94]我們說，儘管批判（criticism）

---

94 Ibid., B370.

的否定精神在康德的心中從未缺席，但他所指的批判，並不是對「書籍和體系的批判，而是對理性能力本身的批判」；[95]我們也提到，他相信自己已經找到了一條擺脫教條主義和懷疑主義之間無果選擇的出路，而這種情況通常會在「完全的冷漠主義——這在所有科學中都是混亂和黑暗之母」中解決。[96]我曾經告訴過你們，在懷疑論者與教條主義者（dogmatist）的對話中，懷疑論者在面對如此多的真理（或者說，面對每個自稱擁有**唯一**真理的人，以及他們之間的激烈對戰）時，大嘆「沒有真理」，並因此說出了聯合所有教條主義者的甜言蜜語。在這場鬥爭中，批判者[97]加入並打斷了這場叫喊比賽：「你們兩位，教條主義者與懷疑論者，似乎都有相同的真理觀，也就是說，某種從本質上言排除所有其他真理的事，因此所有真理都變得互相排斥。也許，」他說，「你們的真理觀有問題。或許，」他補充說，「人，作為有限的存在者擁有真理的概念，卻無法擁有、佔有真理。讓我們先分析一下，這個屬於我們的、告訴我們有真理這回事的能力。」毫無疑問的，「批判限制了思辨理性

95 Ibid., Axii.
96 Ibid., Axi.
97 譯注：指康德。

（speculative reasons），它確實是**否定性的**」[98]；但如果因此而否認「批判所提供的服務是**正面的**，那就等於說警察沒有正面積極的貢獻，因為他們的主要職責只是防止公民互相恐懼的暴力，以便每個人都能在和平與安全中追求他的志業」。[99]當康德完成他的《批判》，也就是對我們認知能力的分析之後，孟德爾頌稱他為*Alles-Zermalmer*，也就是「毀滅一切者」（all-destroyer），也就是說，毀滅任何相信我可以**知道**所謂形上學事務的信念，也毀滅任何相信可以有作為形上學的「科學」，即與其他科學具有相同有效性的信念。

但康德自己並沒有看到他的事業明顯具有破壞性的面向。他不了解他實際上已經**瓦解了**整個機制，而這個機制儘管經常受到攻擊，卻持續了許多世紀，一直深入至現代。與當時的精神相當契合，他認為「這種損失只影響諸學派的壟斷，但絕不影響人們的利益」，人們終

98 譯注：康德以「否定性」（negative）來描述理性能力，當然也包含「消極的」和「反面的」的意思。而在此脈絡下，「否定性」是專指其「限制性」（limiting）的面向，亦即理性本身限制理性自身這回事。這種自我劃界的能力，從「反面」觀之，就是以理性去除了理性自身的無限性，這亦是黑格爾不同意康德的地方。但若從「正面」觀之，這種功能正表現出吾人理性的自發性（spontaneity）與自律性（autonomy），尤其當關乎自我立法時（立法正是一種限定），則更顯出其「積極」之處。而negative的相對概念positive，除了有「正面」、「積極」、「肯定」之意外，其要旨更在於包括了「置定」（posit）之義，此中從拉丁語*positivus*來自*pōnō*（放置）可知。

99 Ibid., Bxxv.

將擺脫那些「細微但無效的區別」，而這些區別在任何情況下都從未「成功地達到大眾的心靈｛*das Publikum*｝，或對其信念產生最輕微的影響」。[100]（我正在跟你們讀的是來自《純粹理性批判》的兩篇前言，它們是寫給康德在別處所說的「讀者大眾」｛the reading public｝的。）而爭論點是再次針對「諸學派傲慢的自命不凡」，這些學派聲稱自己是唯一「真理的擁有者」，這些真理不僅是「人類普遍關心的事宜」，而且是「在廣大群眾所能觸及的範圍之內——永遠應受到我們最高尊重」。[101]對諸多大學而言也是如此。康德補充，就政府而言，如果他們認為介入是適當的，那麼「支持這種批評……比支持諸學派荒謬的專制主義要明智得多，當有人摧毀他們的蜘蛛網時，後者引起了公眾危險的大聲疾呼，而公眾從未對此給予任何關注，因此從未感受到其損失」。[102]

我給你們讀的內容比我原本打算的要多，部分是為了讓你們約略了解，這些書是怎樣的氛圍下寫成的，以及部分是因為其後果——儘管它們並沒有導致武裝起義——畢竟有點比康德本人預見的更為嚴重。至於氛圍：在最高層面上，啟蒙運動的心態並沒有持續多久，或者

100 Ibid., Bxxxii.
101 Ibid., Bxxxiii.
102 Ibid., Bxxxv.

最好將其與以年輕黑格爾為代表的下一代的態度作對比，用以說明：

哲學本質上是一種密傳（esoteric）的東西，它不是為暴民而生，也不可能為暴民而準備的。哲學之所以是哲學，只是因為它與智性截然相反，甚至與常識對揚，而透過常識我們可以理解世代的局部和暫時的限制；就其與這種常識的關係而言，哲學世界本身就是一個顛倒的世界。[103]

為了

哲學的開始必須是把自己提升至高於共同意識所賦予的那種真理之上，是對一種更高真理的預兆（the premonition of a higher truth）。[104]

---

103 G. W. F. Hegel, „Über das Wesen der philosophischen Kritik“ (1802) , in *Sämtliche Werke*, ed. Hermann Glockner (Stuttgart, 1958), vol. 1, p. 185.｛鄂蘭翻譯｝

104 Hegel, „Verhältniss des Skepticismus zur Philosophie“ (1802), ibid., p. 243 ｛鄂蘭翻譯｝.

如果我們從進步的角度來思考，這無疑是哲學自其誕生以來的一種「故態復萌」（relapse），黑格爾重複了柏拉圖講述的泰利斯（Thales）的故事，並對嬉笑的色雷斯農家少女[105]表現出極大憤慨。康德對此也難辭其咎，他的批判哲學幾乎立即被理解為另一種「體系」（system），然後同樣地被下一代攻擊，而當時啟發它的啟蒙精神早已蕩然無存。[106]

然而，當這種「故態復萌」隨著德國觀念論體系的發展而結束時，康德的孩子們這一代人，甚或能視為其孫子和曾孫的那一代——從馬克思到尼采——似乎是在黑格爾的影響下，決定完全離棄哲學。如果你從思想史的角度思考，你或可說，「理性批判」（the Critique of Reason）[107]的後果要麼是批判思考的建立，要麼是得到理性和哲學思考根本毫無用處此「洞見」（insight），並且，在思想上，「批判」意味著摧毀它所抓住的一切，這與康德作為限制和淨化的「批判」概念相抵。

---

105 譯注：鄂蘭在此引用色雷斯少女的典故，是因為在柏拉圖《泰鄂提得斯》（*Theaetetus*）中，蘇格拉底用色雷斯女孩的笑聲來暗示，不僅對色雷斯女孩來說，而且對一般大眾來說，所有哲學家都可能成為笑柄。

106 譯注：於此，鄂蘭認為，受康德啟發的一眾人後繼者，把「批判」錯誤地了解成某種新的哲學系統，而本身這正是跟批判作為一種哲學「精神」或「方法」背道而馳的。然而這是否屬實，讀者值得深思。

107 譯注：原文為the Critique of Reason，缺少了pure一字，似乎是要一語相關地表達包括「理性批判」這種活動，以及《純粹理性批判》這書及其引申出的效果——對後來各種「理性」的持續批判。

還有另一本書的書名使用了批判這個詞，也是我忘記提及的一本書。馬克思的《資本論》（*Capital*）最初被稱為《政治經濟學批判》（*the Critique of Political Economy*），馬克思在其第二版〈序言〉中提到辯證法同時具有「批判性和革命性」。馬克思知道他當時在做什麼。正如他之後的許多人，以及黑格爾在他之先已早做過的，他曾稱康德為「法國大革命的哲學家」。對馬克思來說，而不是對康德來說，將理論與實踐結合的是批判；如俗語所說，它把它們聯繫起來，並且調解二者。以批判與啟蒙時代之前發生的法國大革命的例子說明，在**理論上**瓦解**舊制度**（*ancien régime*）[108]之後，隨之而來的是摧毀它的**實踐**。這例子似乎在說，這就是「思想抓住群眾」（the idea seizes the masses）的方式。這裡的重點不在於這是否屬實——革命是否就是這樣而來；重點在於馬克思用這些語言來思考，因為他把康德的鉅著視為啟蒙運動中最偉大的作品，並與康德一同相信啟蒙與革命是相輔相成的。（對康德來說，連結並提供從理論到實踐的過渡的「中間項」（the middle term）是判斷；他心目中的實踐者——例如醫生或律師，他們首先學習理論，然後實踐醫學或法律，而其實踐包括在將他

---

108 譯注：舊制度一詞約出於十八世紀末，具有貶義，主要是指中世紀晚期到法國大革命（約1500年至1789年）之間法蘭西王國實行的政治和社會制度，期間法國由瓦盧瓦王朝和波旁王朝先後統治，貴族的封建制度和世襲君主制其是主要特色。

學到的規則應用於特定的案例。）[109]

批判地思考，透過偏見、透過未經檢驗的觀點和信念開闢思想道路，是哲學的一個古老關懷，就其作為一項有意識的事業而言，我們可以追溯到於雅典的蘇格拉底助產術（the Socratic midwifery）。康德並非沒有意識到這種關聯。他明確表示，他希望「以蘇格拉底式的方式」繼續進行，並「透過最明顯的證據證明｛他們的｝無知」來讓所有反對者保持沉默。[110] 與蘇格拉底不同的是，他相信「未來的形上學體系」（future system of metaphysics）[111]，但他最終留給後人的是批判，而非體系。蘇格拉底的方法是清空他的夥伴所有毫無根據的信念和「無精卵們」（windeggs）——即充斥他們頭腦的幻象。[112] 根據柏拉圖的說法，他是藉由 *krinein* 的藝術，也就是分類、分隔與分辨的**技藝**（*technē diakritikē*，辨別的技藝）來做到這一點的。[113] 根據柏拉圖的說法（而非蘇格拉底的說法），結果是「靈魂從妨

---

109 參見 Kant's Preface to his essay "On the Common Saying: 'This May be True in Theory, but it does not Apply in Practice,'" *in Kant's Political Writings*, ed. Reiss, p. 61.

110 *Critique of Pure Reason*, Bxxxi.

111 Ibid., Bxxxvi.

112 *Theaetetus* 148 ff.

113 *Sophist* 226-31 .

礙知識的狂妄自負中得到淨化」；根據蘇格拉底的說法，審視（examination）[114]之後並沒有隨之而來的知識，他的夥伴中沒有一個生出來的孩子不是無精卵。蘇格拉底什麼也沒教；他從來不知道他所曾問的答案。他是為審視而審視，不是為了知識而審視。如果他知道什麼是勇氣、正義、虔誠等等，他就不會再有審視它們的衝動，也就是思考它們。蘇格拉底的獨特之處就在於這種專注於思考本身，非關結果。整個事業沒有不可告人的動機或目的。未經審視的人生是不值得活的。這就是全部內容了。他實際上所做的是在交流中使思考的過程**公共化**[115]——那種在我內心、我和我自己之間無聲地進行的對話；他在市場裡**表演**的，就像長笛演奏者在宴會上表演的一樣。這是純粹的表演、純粹的活動。正如長笛演奏者必須遵循某些規則才能表現出色一樣，蘇格拉底發現了支配思考的唯一規則——一致性規則（正如康德在《判斷力批判》中所說的那樣）[116]或在後來被稱為不矛盾公理（the axiom of noncon-

114 譯注：「審視」一詞是呼應下文提到的蘇格拉底名言「未經審視的人生是不值得活的」（An unexamined life is not worth living）。「未經審視」（anexétastos）也有不少譯者譯為「未經反省」、「未經檢視」。原文來自柏拉圖對話錄《申辯篇》38a5-6。

115 譯注：鄂蘭於是在佈局，呼應後來關於判斷力的「公共性」的討論，因此提到批判思考裡「公開」、「公共化」的重要面向。

116 *Critique of Judgment*, § 40.

tradiction）。對蘇格拉底來說，這條公理既是「邏輯的」（不要胡言亂語或胡思亂想）也是「道德的」（相比跟自己意見不合，亦即跟自己自相矛盾，與眾人意見不合，成為**獨一的**〔*being one*〕更好）[117]，後來經亞里斯多德成為了思考的首要原則，但也僅限於思考。然而，對康德來說，他的整個道德教義實際上都建立在此基礎上，它後來再次成為倫理學的一部分；因為康德的倫理學也是建立在一個思考過程的基礎上的：採取行動，使你的行為準則能夠被你的意願訂定，而成為一條普遍法則，也就是說，一條你自己必須遵守的法則。再次，同樣的一般規則——不要自相矛盾（不是對你的自身〔your self〕而是對你的思考自我〔your thinking ego〕）——決定了思考和行動。

蘇格拉底式作風對康德的重要性還有另一個原因。蘇格拉底不是任何教派的成員，也沒有創立任何學派。他之所以成為**那位**哲學家的形象，是因為他在市場上與所有來者打交道——完全不受保護地，對所有發問者開放，接受所有要求他解釋並兌現他所說的話的要求。學派和教派之所以是不開明的（用康德的語調），是因為它們一直依賴其創始人的學說。自柏拉圖的學院以來，他們就站在與「公眾意見」（public opinion）、社會大眾、「他

---

117 參見 *Gorgias* 482c.

們」的對立面；但這並不意味他們不依賴任何權威。他們的典範永遠是畢達哥拉斯學派（the school of the Pythagoreans），他們的衝突可以藉由訴諸創始人的權威來解決：訴諸那 *autos epha*、那 *ipse dixit*、那「他自己是這麼說」。[118] 換句話說，多數人不假思索的教條主義，被少數人精挑細選但同樣不假思索的教條主義所制衡。

如果我們現在再次考慮哲學與政治的關係，很明顯，批判思考的藝術總是具有政治意涵的。而在蘇格拉底的例子中，它造成最嚴重的後果。與教條式的思想不同，教條式的思想的確可能會散播新的、「危險」的信念，但它是在學校的保護牆後面散播的，而學校照顧的是**奧義**（*arcana*）、祕密、密傳的教義，而同樣地，也不像思辯性思想，因它很少會騷擾到任何人，批判思想在原則上是反權威的。而且，就權威而言，最糟糕的是你無法抓住它，無法攫取它。在蘇格拉底的審判中對他的指控——他把新的神引入城邦——是莫須有的罪名；蘇格拉底什麼也沒教，更沒有教新的神。但另一項指控，即他敗壞了年輕人，也不是沒有根據的。具有批判性思想的人的麻煩在於，他們「讓具目光所到之處，最著名的真理的支柱都會

---

118 *autos epha*（希臘語）和 *ipse dixit*（拉丁語）可被直譯為「他自己是這樣說」，其意謂一種沒有提供論證的斷言，一種獨斷。類似人們說「事情就是這樣」（just how it is）。在現代之前的學者（特別是中世紀神學家）使用 *ipse dixit* 之時，實指是亞里斯多德如是說，即在引用不容懷疑的權威來代替論證。

搖晃」（萊辛〔Lessing〕）。這當然就是康德的情況。康德是破壞一切者，儘管他從未走進市場，儘管《純粹理性批判》是其中一本最艱深、雖然絕非晦澀難解的哲學著作，即使在康德所喜愛的「閱讀群眾」中，也不可能流行起來。然而，關鍵在於，康德與幾乎所有其他哲學家不同的是，他對此深感遺憾，而且從未放棄希望，希望有可能普及他的思想，希望「少數人的狹窄小路會變成〔所有人的〕康莊大道」。[119]在《純粹理性批判》出版兩年之後，他在一七八三年八月十六日以奇特的道歉口吻寫信給孟德爾頌：

> 〔雖然《批判》是〕我花了至少十二年時間思考的結果，但我還是在四五個月之內倉促地完成了它……我幾乎沒有想過要……使它更容易被讀者理解……否則，如果我……想給它一個更通俗的形式，這部作品可能根本永遠不會完成。然而，既然現在這部作品已經以粗略的形式存在，這個**缺點**（*defect*）可望逐漸消除。[120]

119 *Critique of Pure Reason*, B884.

120 〔鄂蘭的斜體。Arendt's italics. See Kant, *Philosophical Correspondence 1759-99*, ed. Zweig, pp. 105-6.〕

根據康德和蘇格拉底的說法，批判思考將自己暴露於「自由與公開審視此一考驗」之下，這意味著越多人參與就越好。因此，在一七八一年，《純粹理性批判》出版後，康德立即「構思了一個使之普及的計畫」。「因為，」他在一七八三年寫道：「每一個哲學作品都必須容易受到大眾歡迎；否則，它很可能在看似世故老練的霧氣之下暗藏著一派胡言。」[121] 在其希望的普及化中，康德希望的——對於哲學家這個通常具有如此強烈宗派傾向的族群來說是如此奇怪——是其審視者的圈子會逐漸擴大。啟蒙時代是一個「公開使用個人理性」（the public use of one's reason）的時代；因此，對康德而言，最重要的政治自由並非如斯賓諾莎般，是**哲學追問的自由**（*libertas philosophandi*），而是說話與出版的自由。

正如我們即將看到，在康德的著作中，「自由」一詞有許多不同的意義；但是政治自由在他的著作中被明確而一致地定義為「**在每一點上公開使用自己的理性**」。[122] 而且是「我所理解的公開運用自己的理性，是指一個人作為學者，面對讀者大眾運用自己的理性」。這個使用是有限制的，「作為學者」這個字眼就顯明了這一點；學者與公民是不同的；他是一個

---

121 Jaspers, *Kant*, p. 123. The quote is from Kant's letter to Christian Garve, August 7, 1783.

122 *On History*, ed. Beck, pp. 4-5 ("What Is Enlightenment?").

非常不同的社群的成員，也就是「世界公民的社群」（a society of world citizens），而他正是以這個身分對公眾說話。（康德的例子很清楚：服務中的官員無權拒絕服從。「但作為一個學者，即作為一個世界公民，不能合理公平地拒絕他對評論軍事上的錯誤，並將之呈交大眾判斷此權利。」）[123]

我們所理解的言論和思想自由，是個人表達自己和意見的權利，以便能夠說服他人認同其他觀點。此中前提是我有能力自己完全決定我的想法，而我對政府的要求就是允許我宣揚我腦海中已經成形的東西。康德對此事的看法則非常不同。他認為思考的能力本身就取決於它的公開使用；沒有「自由公開的檢驗」，就不可能有思考，也不可能形成意見。理性不是「為了孤立自己，而是為了與他人結成社群」。[124]

康德在這個問題上的立場相當值得注意，因為這不是政治人物的立場，而是哲學家或思想家的立場。正如康德與柏拉圖所同意的，思考是我自己與我自己的無聲對話（*das Reden mit sich selbst*），而思考是一種「獨處的事業（solitary business）」（正如黑格爾曾經說過

---

123 Ibid., p. 5.

124 "Reflexionen zur Anthropologie," no. 897, *Gesammelte Schriften*, Prussian Academy ed., 15:392.

的），是少數所有思想家都同意的事情之一。此外，當你忙著思考時，你也不需要、也不能忍受別人相伴；然而，除非你能以某種方式，將你獨處時可能發現的東西，以口頭或書面的方式，與他人溝通並接受他人的考驗，否則這種在獨處時發揮的能力將會消失。用雅士培的話來說，真理就是我能交流的東西。科學的真理取決於在實驗裡，可被其他人重複；它需要一般的有效性（general validity）。哲學的真理沒有這樣的一般的有效性。它必須有的，也就是康德在《判斷力批判》中對品味判斷所要求的，是「一般的可溝通性」（general communicability）。「因為溝通和說出自己的想法是一種人類的天職，尤其是涉及人本身的所有事情上。」[125]

第七講

我們之前一直談論批判思考的政治意涵，以及批判思考暗含著可溝通性的觀念。現在，可溝通性很明顯地暗含著一個人的社群（a community of men），這些人可以被提及，可以聆

125 *Kant's Political Writings*, ed. Reiss, pp. 85 -86 ("Theory and Practice").

聽，也可以被聆聽。對於這個問題：為什麼是眾人（men）而不是個人（Man）？康德會回答：為了讓他們可以彼此交談。對於複數的人而言，也就是對於人類（mankind）——可以說，為了我們所屬的物種——「溝通和說出自己的想法……是一種天職」——這句話我之前已經引述過。康德留意到，他並不同意大多數思想家，斷言思考必須依賴他人才有可能，儘管那是種獨處的事業：

> 有一說：我們說話或寫作的自由無法被當權者（power-that-be）剝奪，但思考的自由卻完全無法為他們所奪。然而，如果我們不在社群中與其他人在一起思考，跟那些我們傳達我們想法的、以及那些跟我們傳達想法的人們一起，那我們能想得到多少、又會思考得多正確！因此，我們可以有把握地說，剝奪人**公開地**溝通其思想的自由的外在力量，也剝奪了人類**思考**的自由，而思考的自由是我們公民生活中僅有的瑰寶，唯有透過思考的自由，我們才有可能彌補現狀的一切弊端。[126]

126 "Was heisst: Sich im Denken orientieren?" (1786), in *Gesammelte Schriften*, Prussian Academy ed., 8:131-47.

我們也可以從另一個角度來看這個批判思考所必需的公開因素。當蘇格拉底把哲學從天上帶到地上，並開始審視關於人與人之間發生的事情的意見時，他實際上所做的是，他從每個陳述中抽取出其隱藏或潛在的意涵；這就是他的助產術實際上所達到的。就像助產士幫助孩子出生接受檢查一樣，蘇格拉底也使諸種意涵公開以接受檢查。（這就是康德在抱怨進步時所做的：他提取了這個概念的意涵；這也是我們在此抗議有機隱喻〔organic metaphor〕時所做的。）批判思考在很大程度上包含了這種「分析」（analysis）。反過來說，這種檢查的前提是每個人都願意且能夠對自己的所思所言作出說明。接受過蘇格拉底助產術的教育，柏拉圖是第一個以我們現在仍然認可的方式寫哲學的人，而之後也成了專著，跟亞里斯多德一樣。他認為自己與古代的「智者」（Presocratics）之間的差異在於，儘管他們很有智慧，卻從來沒有闡明自己的想法。他們就在那裡，帶著他們偉大的洞察力；但當你問他們問題時，他們卻保持沉默。*Logon didonai*，「給出一個論證」——不是證明，而是能夠說出一個人如何得出某個意見，以及形成這個意見的理由——這也是柏拉圖與他所有前輩的不同之處。這個詞原本就是政治性的：雅典公民要求他們的政治家提供論證，不僅是在金錢事務上，也是在政治事務上。他們可以被追究責任，而這——要求自己和其他人對自己的思想和教誨負責和交代——轉化成哲學，那是在愛奧尼亞萌芽的對知識和真理的探索。這種轉化已經在智者派中發生了，他們被正確地稱為希臘啟蒙運動的代表。然後，透過蘇格拉底的助產術，它被磨練成一種問答的方法。這就是批判思想的起源，其在現代，或許在所有後古典時代，最偉大的代表就是康德，他完全意識到了其意涵。在他其中一個最重要的反思裡，他寫道：

> *Quaestio facti*，事實問題，是指一個人首先以什麼方式獲得某概念；*quaestio juris*，法權問題，是指一個人以什麼權利擁有這個概念並使用它。[127]

批判地思考不僅適用於從他人那裡獲得的學說和概念，也適用於自己繼承的偏見和傳統；正是通過將批判性標準運用到自己的思想上，其人才學會批判思想的技藝。而這種應用，如果沒有公共性，沒有從接觸他人思想所產生的測試，是無法學會的。為了說明它是如何運作的，我將讀給你們兩段康德在一七七〇年代寫給馬庫斯・赫茲（Marcus Herz）的信：

---

127 *Gesammelte Schriften*, Prussian Academy ed., 18:267 (no. 5636).

你知道，我在處理合理的反對意見時，並不是只想反駁它們，而是在思考它們時，我總是把它們編進我的判斷中，讓它們有機會推翻我所有最珍貴的信念。我希望藉由這樣的方式，從他人的立場來公正地審視我的判斷，從而可能會獲得第三種看法，以改善我先前的洞察。[128]

你可以看到，**公正性**（*impartiality*）是透過考慮他人的觀點而獲得的；公正性並不是在某種更高的立場所產生的結果，那麼就會在實際上因為完全凌駕激烈的論戰（the melée）之上而得以平息爭端。在第二封信中，康德對此說得更清楚明白：

> 〔心靈需要合理程度的放鬆與分心，以維持其流動性〕，使它能夠從各個面向重新觀察對象，並將其觀點從某種微觀（a microscopic）擴大成一個一般見解（a general outlook），從而依次採納每一個可以想像的觀點，透過所有其他觀點來驗證每一個觀點的觀察。[129]

128 Letter to Marcus Herz, June 7, 1771. 參見 Kant, *Selected Pre-Critical Writings*, trans. G. B. Kerferd and D. E. Wolford (New York: Barnes & Noble, 1968), p. 108.

129 Letter to Marcus Herz, February 21, 1772. See Kant, *Philosophical Correspondence 1759-99*, ed. Zweig, p. 73.

這裡並未提到「公正性」一詞。取而代之的是，我們發現一個人可以「擴大」（enlarge）自己的思想，以便把他人的思想納入考慮。「擴大心靈」（enlargement of the mind）在《判斷力批判》中扮演著重要的角色。它是透過「將我們的判斷與他人可能的而非實際的判斷作比較，以及將我們自己置於他人的位置」[130]來實現的。使之成為可能的能力稱為想像力（imagination）。當你閱讀《判斷力批判》中一些段落，並與剛才引述的信件比較時，你會發現前者所包含的，不外乎是這些個人言論的概念化過程。批判思考只有在所有其他人的觀點都可以被公開審視的情況下才有可能。因此，批判思考儘管仍是一個孤獨的事業，但卻並未與「所有其他人」隔絕。可以肯定的是，它仍然是在孤立中進行，但藉由想像的力量，它使他人存在，因此在一個潛在的公共空間中活動，向所有各方開放；換句話說，它採取了康德世界公民的立場。以擴大的心智思考（To think with an enlarged mentality），意味著一個人訓練自己的想像力去出遊。（比較《永久和平》中的探訪權。）

我必須在此提醒你一個非常常見且容易誤解的地方。批判思考的訣竅，並不在於一個人可以透過極度擴大的同理心來了解其他人心中實際在想什麼。根據康德對啟蒙的理解，思考

---

130 *Critique of Judgment*, § 40.

意味著*Selbstdenken*，為一己思考，「這是永不被動的理性格準（the maxim of a never-passive reason）。落入這種被動性是被稱為偏見（prejudice）」[131]，而啟蒙首先是要從偏見中解放出來。去接受那些與我自己的「立場」不同的人的想法（實際上，他們所處的位置、他們所受的條件，而這些總是因人而異、因階級或群體而異），只不過是被動地接受他們的思想，也就是用他們的偏見來交換適合我自己立場的偏見。「擴大思想」（Enlarged thought）是首先「從我們自己的判斷所偶然附帶的限制中抽取出來」的結果，是無視其「許多受到限制的……主觀私人條件」，也就是，無視我們通常所說的私利（self-interest），康德認為，那不是已啟蒙的（enlightened）或能夠啟蒙的（capable of enlightenment），而實際上是限制性的（limiting）。觸及範圍越大——已啟蒙的個體能夠從一個立場轉移到另一個立場的領域就越大——他的思考就將會越「全面」（general）。[132]然而，這種全面性（generality）並非概念的全面性——例如「房子」這個概念，人們可以將各種各樣的個別建築物歸入這個概念之下。相反，它與特殊者緊密相連，一個人的立場必須經過與諸立場的特定條件（particular

---

131 Ibid.

132 譯注：前文通常譯為「一般（的）」，以對照「普遍（的）」（universal），但在此脈絡下，因時制宜地譯為「全面」（以對照「片面」、「受限」之意）或「一般」。相關討論可參考本書注198中的編者注。

conditions）一起，以求到達一己的「一般立場」（general standpoint）。[133] 這個一般的立場，我們在前面談過，就是公正性；它是一個看著、觀察、形成判斷的觀點，或如康德自己所說，是反思人類事務的觀點。它不會告訴人如何**行動**。它甚至不會告訴一個人，如何運用因進佔了「一般立場」而發現的智慧，來處理政治生活的特定事項。（康德完全沒有這種行動的經驗，而且在腓特烈二世的普魯士也不可能有。）康德確實告訴人們如何把他人納入考慮，但他沒有告訴人們如何與他人結合起來以採取行動。

這帶給我們一個問題：一般觀點只是觀察者的觀點（the standpoint of the spectator）嗎？（康德對於擴大自己的心智有多認真，可以從他在大學裡開設並任教自然地理課程的事實看出來。他也熱衷於閱讀各式各樣的旅遊報導，他——從未離開過柯尼斯堡〔Königsberg〕——對倫敦和義大利同樣瞭如指掌；他說他沒有時間旅遊，正是因為他想知道那麼多國家的情況。）在康德自己的心目中，這當然是世界公民的立場。但是，理想主義者這句聽來輕鬆的「世界公民」能說得通嗎？做一個公民意味著有責任、義務和權利，而所有這些

---

133 譯注：一般來說，哲學討論會以「普遍者」（the universal）與「特殊者」（the particular）對照，而非用「一般者（或全面者）」（the general）與「特殊者」對照。鄂蘭在此引進這對概念，是為後來討論《判斷力批判》時的概念劃分作準備。相關討論可參考本書注198中的編者注。

只有在有地域限制的情況下才有意義。康德的世界公民實際上是一個 *Weltbetrachter*，即世界觀察者。康德很清楚，世界政府將會是可以想像得到的最糟糕暴政。

在康德本人的晚年而言，這種困惑突顯貌似矛盾的兩者之間，一方面，他對法國大革命幾乎無限的欽佩，另一方面，他同樣無限反對任何法國公民的革命事業。我將讀給你聽的這些段落都是差不多在同一時間寫成的。但在我們繼續之前，讓我提醒你們，馬克思稱康德為法國大革命的哲學家，就像海涅（Heine）在更早之前所說一樣。或許，更重要的是，這個評價在大革命本身的自我理解上有著堅實的基礎。著名的《第三等級》（*Tiers Etat*）[134] 作者、雅各賓俱樂部（Jacobin Club）的創始人之一西耶斯（Sieyès），後來成為負責起草法國憲法的制憲議會（Constituent Assembly）最重要的成員之一，他似乎認識康德，並在某種程度上受到康德哲學的影響。無論如何，他的一位朋友特雷門（Theremin）找到康德說，西耶斯打算在法國引進康德的哲學，因為「l'étude de cette philosophie par les Français serait un

134 譯注：《何謂第三等級？》（*Qu'est-ce que le Tiers-État?*）是西耶斯寫於法國大革命前夕的政治小冊子。西耶斯認為「第三等級」（即法國普通民眾）具備了獨立組成國家的所有條件，而屬「第一等級」的教士和「第二等級」貴族只是國家的負擔。他的觀點對隨後爆發的法國大革命有巨大影響。

complément de la Révolution｛法國人對這種哲學的研究將是對大革命的補充｝」。[135]而康德的回應則已散佚。

康德對法國大革命的反應，即使一看再看，絕非毫不含糊。預視一下：他對他所稱的「最近事件」（recent event）[136]的偉大評價從未動搖，但他對所有籌備這場革命的人的譴責也幾乎從未動搖。我將從他在這方面最著名的言論談起；此外，在某種意義上，這段說話包含了他態度中貌似矛盾的關鍵。

> 這件事〔革命〕既不包括偉大的事蹟，也不包括人類所犯的過失，即由此讓人類中偉大的事物變得渺小，或渺小的事物變得偉大；也不包括古代輝煌的政治架構，它們就像被施了魔法一樣消失了，而其他的政治架構就像從地底深處冒出來一樣取而代之。不，沒有這回事。這只是觀察者的思維模式，他們在這場偉大的變革遊戲中公開表露自己，並表現出一種一般但無私的同情（a general yet disinterested sympathy），同情一方的玩家對抗另一方的玩

---

135 *Gesammelte Schriften*, Prussian Academy ed., 12:59 (Correspondence).

136 譯注：指法國大革命。

家，甚至不惜冒著這種偏袒，一旦被發現就會對他們非常不利的風險。由於它的一般性（generality），這種思維模式一下子呈現了整個人類的特徵；由於它的非關利害性，人類的道德特徵，至少在其傾向上，這種特徵不僅允許人們希望往更好進展，而且就其能力足以應付當前情況而言，它本身就已經是一種進步。

我們今天看到由充滿天賦的人民發起的革命，可能會成功，也可能失敗；它可能充滿了痛苦和暴行，以致於一個明智的人，如果他大膽地希望再次成功地執行它，他永遠不會決心以這樣的代價進行這實驗——我說，這場革命仍然發現在所有觀眾（他們自己並不參與這場遊戲）的內心都是一種近乎熱忱（enthusiasm）的一廂情願地參與，而這種狂熱的表達本身就充滿了危險；因此，這種同情除了來自於人類的道德傾向之外，別無他因。

……金錢上的報酬無法使革命的對手，提升到〔革命者〕從純粹的權利觀念所產生的熱誠（the zeal）和偉大的靈魂；甚至舊有的尚武貴族的榮譽觀念（類似於熱忱），也在這些始終牢記他們所屬的人民的權利，並認為自己是人民守護者的人的武器面前消失殆盡；那些並不參與其中的公眾當時多麼興高采烈地表示同情，卻絲毫沒有協助的意圖……

現在，根據我們時代的面貌和預兆，我自稱能夠預測人類——即使沒有先知的洞察力——會達到這個目標。也就是說，我預言人類的進步會越來越好，而從現在開始，這個進步將不再是可完全地逆轉的。因為這樣的現象在人類歷史上**是不會被遺忘的……**

但是，即使與此事件有關的目的現在仍無法實現，即使革命或國家憲法改革最終流產，或者經過一段時間之後，一切又重回其先前的軌跡（就像政客現在所預計那樣），這個哲學預言（philosophical prophecy）仍然不會失去其力量。因為這個事件太重要了，它與人的關懷（the interest of humanity）交織在一起，而且其影響力在世界地廣泛傳播，以致於各地人民在任何有利的場合都不得不重提這一事件，再被喚起來重現這類新的努力……對於那些不只考慮在一個民族中發生的事情，而且還考慮到將逐步參與這些事件的地球上所有民族的整體範圍的人來說，這揭示了一個不可估量的時代的前景。[137]

第八講

在我讀給你聽的《學院的爭議》（*The Contest of the Faculties*）[138]（第二部分，第六和第

---

137 *On History*, ed. Beck, pp. 143-48 ("An Old Question Raised Again," secs. 6 and 7).

138 譯注：*Der Streit der Fakultäten*（1798）是康德晚年著作，與其最後著作《實用人類學》（*Anthropologie in pragmatischer Hinsicht*）同期出版。

七節）中，康德明確地說，他不關心那些使帝國興亡、使以前偉大的變得渺小、使以前渺小的變得偉大之人的行為和不當行為。對他來說，事件（occurrence, *Begebenheit*）的重要性完全在觀看者（the beholder）的眼中、在公開宣示其態度的旁觀者（the onlookers）的意見裡。他們對事件的反應證明了人類的「道德品格」。如果沒有這種同情的參與，事件發生的「意義」就會完全不同或根本不存在。因為正是這種同情激發了希望，

> 這希望，在經過多次革命連同其所有變革所造成的影響之後，大自然的最高目的，一個**世界性的實存**（a *cosmopolitan existence*），終會實現，而在這個世界中，人類所有原始的能力都可以得到發展。[139]

然而，我們不該由此得出康德完全站在未來革命者那邊此一結論。在《學院的爭議》一段的一個腳注中，他非常明確地指出：有一些「人民的權利」（the rights of the people）是沒有統治者敢於公開地爭奪的，因為害怕人民會起來反對他；而他們只為了自由而這樣做，即

---

139 *Kant's Political Writings*, ed. Reiss, p. 51 ("Idea for a General History from a Cosmopolitan Point of View," end of Eighth Thesis).

使他們吃飽喝足，受強而有力的保護，而且「無福利欠缺可抱怨」（no lack of welfare to complain of）。人的權利，意味著人民成為「共同立法者」（colegislators）的權利，是神聖的。然而：

> 這些權利……始終是一種理念，只有在所使用的**手段**符合道德的條件下才能實現。人民不能超越這個限制條件，因此他們不能以革命的方式來追求他們的權利，因為革命在任何時候都是不公義的。[140]

如果我們只有這個腳注，我們可能會懷疑康德在附加這個腳注時是很謹慎的；但是，同樣的警告也在其他一些段落中重複出現。我們翻到《永久和平》，在那裡他的立場有最佳的解釋：

> 如果由糟糕的憲法所引發的暴力革命，以非法手段引進了更合法的憲法，〔那麼〕引導

140 Ibid., p. 184, note (The Contest of the Faculties).

人民回到先前的憲法是被不允許；但是，在革命持續期間，每個公開或暗中參與革命的人，都會公正地招致那些反判者的懲罰。[141]

因為，正如他在《道德底形上學》中以同樣方式所寫道，

如果一場革命成功了，新的憲法也制定好了，那麼它的起源與成功的非法性並不能免除臣民作為好公民適應新秩序的職責（the obligation）。[142]

因此，無論現狀如何，是好是壞，叛亂都是不合法的。當然，如果

人民的權利受到傷害，〔那麼〕當暴君被廢黜時，也不會有不義之事降臨其身上。這點是無容置疑的。然而，臣民以這種方式尋求自己的權利，在最大程度上是不合法的。如果他

141 *On History*, ed. Beck, p. 120 (Perpetual Peace, Appendix I).

142 *Kant's Political Writings*, ed. Reiss, p. 147 (The Metaphysics of Morals, General Remark A after §49).

們在鬥爭中失敗，然後受到嚴厲的懲罰，他們就不能對此抱怨不義，就如同他們成功了，暴君也無法抱怨一樣。[143]

你在這裡清楚地看到的，是你行動時應該依據的原則，與你判斷所依據的原則之間的衝突。因為康德譴責的有關行動，其結果正是他以一種近乎熱忱的滿足來肯定其結果的行動。這個衝突不只是一個理論上的問題；在一七九八年，康德再一次面對一場叛亂，愛爾蘭反抗當時英國「合法」（legitimate）權力的眾多叛亂之一。根據一位熟人的說法，正如阿貝格（Abegg）的日記所記載，他相信這次叛亂是合法的，甚至對英國未來的共和國表示希望。[144]同樣的，這僅是個意見問題，一個觀察者的判斷。他以同樣的方式寫道：

> 我甚至不能承認聰明人所使用的表達方式：某些人（致力於闡述公民自由）還沒有成熟到值得享有自由的地步；地主的奴隸還沒有成熟到值得享有自由的地步；因此，一般人也還

143 *On History*, ed. Beck, p. 130 (Perpetual Peace, Appendix II).

144 See Borries, *Kant als Politiker* (Scientia Verlag Aalen, 1973; reprint of 1928 Leipzig edition), p. 16.

> 沒有成熟到值得享有信仰自由的地步。根據這樣的預設，自由永遠不會來臨；因為除非我們已經獲得自由，否則我們無法**使自己成熟**（*ripen*）得到這種自由——我們必須是自由的，才能有目的地在自由中運用我們的能力，〔而且〕除非透過我們**自己**的努力，否則我們永遠不會成熟到有理性，而我們只有在獲得自由時才能做出這種努力……〔堅持人是受束縛的〕本質上不適合自由……是在篡奪神的特權，因為神創造人是為了自由。[145]

你不應該參與那些如果成功的話你會讚嘆的事，原因就是「公共性的超驗原則」（transcendental principle of publicness），它規範了所有的政治行動。康德在《永久和平》（附錄二）中闡述了這項原則，他將參與的行動者（the engaged actor）與作判斷的觀察者（the judging spectators）之間的衝突稱為「政治與道德的衝突」（conflict of politics with morality）。壓倒性的原則是：

145 See Kant, *Religion within the Limits of Reason Alone*, Book IV, Part Two, § 4, trans. T. M. Greene and H. H. Hudson (New York: Harper Torchbooks, 1960), pp. 176-77 (note).

所有與其他人的權利有關的行動，如果它們的格準（maxim）不符合公開性的話，都是不公義的……〔因為一個〕格準如果要成功的話，就不能公開地宣稱我的格隼，且不損害我自己的目的，那麼就必須保密；而且，如果我不能公開地宣我的格準，就會不可避免地激起對我的計畫的普遍反對，那麼……可以先驗地預見的反對，只是因該格準威脅到每個人的不公義性。[146]

正如專制主義的錯誤是可以證明的，因為「從來沒有統治者敢公開地說，他不承認人民對抗他自己的任何權利」，因此叛亂的錯誤「也是顯而易見的，因為如果〔人民〕要採取行動所依據的格準**公開承認**，它就會違背其自己的目的，因此此格準必須保密」。[147]例如，「政治權宜之計」（political expediency）的格準，會是「一旦公開，必然地會破壞其自身目的」；另一方面，參與建立新政府的人民不能「公開其叛亂意圖」，因為在這種情況下「不可能建立國家」，而建立國家「是人民的目的」」。

146 *On History*, ed. Beck, pp. 129-30 (Perpetual Peace, Appendix II).

147 Ibid., p. 1 30.

反對這個推論的兩個主要論點是康德自己提到的。首先，這個原則「只是負面的，也就是說，它只是用來認定不公義的東西，〔而且〕我們不能反過來推論說，經受公共性的格準因此就是公義的」。[148] 換句話說，同樣地意見也可能是錯誤的，尤其當它不是旁觀者非關利害關係的意見，而是有利害關係的公民片面的、不加批判的意見。其次，統治者與被統治者之間的類比是錯誤的，「沒有一個擁有絕對優越權力的人需要隱藏他的計畫」。因此，他提出了一個「肯定的與超驗的原則」：

> **所有需要**（*stand in need*）公共性以免失落其目標的格準，都符合政治和權利的結合。[149]

這個「政治與道德的衝突」的解決方案來自於康德的道德哲學，在其中，人作為一個單獨的個體，除了他自己的理性之外，什麼都不諮詢，他找到了不自相矛盾的格準，從而他可

148 Ibid., p. 133.
149 Ibid., p. 134.

以引申出一個命令（an Imperative）。在他的道德哲學中，公開性（publicness）已經是正確的標準。因此，舉例來說：「每個人都認為道德律是他可以**開誠布公**的東西，但他認為他的格準是必須隱藏起來的東西。」（"Jeder sieht das moralische Gesetz als ein solches an, welches er *offentlich* deklarieren kann, aber jeder sieht seine Maximen als solche an, die verborgen werden müssen"）[150]私人的格準必須接受檢驗，藉此找出我是否可以公開宣布這些格準。在這裡，道德是私密與公開的相合。堅持格準的私密性就是為惡。因此，為惡的特徵就是退出公共領域。道德意味著適合被人**看見**，這不僅是被人看見，歸根結底也是被上帝，那全知全能的知心者（*der Herzenskundige*）所看見。

個體之人只要他做任何事，他就是法律的制定者；他是立法者（the legislator）。但是，只有當一個人本身是自由的，他才能成為這個立法者；至於這句格準是否同樣適用於被束縛的人和自由的人，確有待商榷。即使你接受康德在這裡所說的解決方案，先決條件顯然是「用筆的自由」，也就是說，即使不為行動，至少也存在一個容得下意見的公共空間。對康德而言，反叛的時刻就是當提意見的自由被廢除的時刻。那麼，不反抗就是無法回答，舊馬

150 {鄂蘭譯自 *Eine Vorlesung Kants über Ethik*, ed. Paul Menzer (Berlin: Pan Verlag Rolf Heise, 1924); 參見 Kant, *Lectures on Ethics*, trans. Louis Infield (London: Methuen, 1979), p. 43 (section on "The Supreme Principle of Morality").}

基維利主義（the old Machiavellian）反對道德的論點：如果你不反抗邪惡，惡魔就會為所欲為。儘管反抗邪惡確實很可能會捲入邪惡之中，但在政治上，你對世界的關懷優先於你對自我的關懷——無論這個自我是你的肉體還是靈魂。（馬基維利的「我愛我的故鄉多於我的靈魂」只是「我愛世界和它的未來多於我的生命或我自身」。）

事實上，康德有兩個假設，讓他可以如此輕鬆地從衝突中抽身而退。他在與孟德爾頌的論戰中意識到了其中一個假設，而孟德爾頌曾經批評萊辛的「人類整體的進步」（progress of mankind as a whole）：正如康德所引述，孟德爾頌說：

「人作為個體是進步的；但人類卻經常在固定的極限之間波動。作為一個整體來看，人類大致上維持著同等的道德水準、相同程度的宗教與非宗教、美德與惡行、幸福與痛苦。」[151]

康德回答說，如果沒有進步的假設，一切都沒有意義；進步可能會被打斷，但永遠不會

151 *Kant's Political Writings*, ed. Reiss, p. 88 ("Theory and Practice," Part III).

中斷。他訴諸於「與生俱來的責任」（inborn duty），這與他在《實踐理性批判》中所使用的論據相同：與生俱來的聲音說：汝應當這樣做（Thou shalt），並且，如果假設我自己的理性告訴我，我應當如此卻不能這樣做，那會是自相矛盾的（*ultra posse nemo obligatur*：沒有人對超越能力範圍的事負有義務）。[152]在這種情況下，所訴求的責任是「影響後代，使後代不斷進步」（因此進步必須是可能的），而且康德聲稱，如果沒有這個假設，「對將來更美好時代的希望」，任何行動都是不可能的；因為只有這個希望才會激發「善於思考的人」去「為共同的利益做些事情」。[153]今天，我們知道我們可以**追溯**到進步的理念，我們也知道人類一直在行動，也就是說，早在這個理念出現之前已在行動。

康德所持的第二個也是更重要的假設，是關於惡的本質。馬基維利假設，如果人類不抵抗邪惡，即使冒著自己作惡的危險，邪惡也會瘋狂蔓延。相反地，康德認為惡的本質是自我毀滅，這某程度上跟傳統的看法一致。因此：

---

152 參見ibid., p. 116 (*Perpetual Peace*, Appendix 1).

153 Ibid., p. 89 ("Theory and Practice," Part III).

> **人**（man）作為一個整體物種的目標……將被天意〔有時他說「自然」〕帶到一個成功的結果，即使**人類**（men）作為個人時的諸目的朝著截然相反的方向發展。因為個人傾向的衝突是一切惡的根源，它賦予理性以自由之手來掌控它們；因此，它不是賦予自我毀滅的惡以優勢，而是賦予善以優勢，因為善一旦建立起來，就會繼續維持它自己。[154]

在這裡，旁觀者的觀點又一次起了決定性的作用。把歷史看成一個整體。如果沒有進步的假設，那會是怎樣的景象呢？對康德來說，其他的選擇不是會產生絕望的倒退，就是會讓我們厭倦到死的永恆不變。我引用下面這段話來再次強調旁觀者的重要性：

> 看著一個有德行的人與逆境和邪惡的誘惑奮力掙扎，卻仍能堅守不敗，這是適合神明觀察的景象。但是，即使是最平凡、最誠實的人，看到人類在一段時間內向著美德前進，然後又很快地重新陷入惡習和痛苦，這種景象也是非常不恰當的……觀看這樣的戲劇，或許可以讓人感動，也可以讓人得到啟發，但帷幕終會降下。因為長遠來說，這會變成一場鬧劇。即

154 Ibid., p. 91.

使演員不覺得厭倦——因為他們都是傻瓜︵所有演員皆是傻瓜?︶——觀察者也會覺得厭倦,因為任何一場戲對他來說都已經足夠,只要他能從中合理地得出結論:永無止境的戲劇將是永恆的同一︷Einerlei︸。[155]

第九講

正如你從《永久和平》中所知道的,至少對觀察者來說,一切順利的最終保證,就是大自然本身,也可以稱之為天意(providence)或命運(destiny)。大自然的「目標是在人與人之間創造和諧,藉著違背他們的意志,和實際上是透過他們的不和諧來達成」。[156]事實上,不和諧是自然設計中如此重要的因素,沒有它就無法想像任何進步,沒有進步就不可能產生最終的和諧。

155 Ibid., P. 88.
156 *On History*, ed. Beck, p. 106 (*Perpetual Peace*, First Supplement).

因為並未參與其中，觀察者可以感知到天意或自然的這種設計，而這種設計是隱藏在行動者之外的。因此，我們一方面是那景象和觀察者，另一面是行動者們以及所有個別事件與偶然、隨機發生的事。在法國大革命的背景下，似乎對康德來說，觀察者的觀點承載了事件的終極意義，儘管這種觀點並沒有為行動提供任何格準。現在我們將審視一種情況，在某種程度上，對康德來說似乎是恰恰相反：在這種情況下，單一事件提供了一種「崇高」（sublime）的景象，而行動者亦然，此外，這種崇高很可能與大自然的隱匿設計不謀而合；而產生我們行動格準的理性，仍然明確地禁止我們參與這種「崇高」的行為。我們現在要討論的是，康德在戰爭問題上的立場；雖然他在革命問題上清晰地同情革命，但他在戰爭問題則上清晰地和絕對地同情和平。

我們在《永久和平》一書中讀到：「理性從其最高道德立法權的寶座上，絕對地譴責以戰爭作為一種法律訴求，並將和平狀態作為一種直接責任，儘管除非通過國家間的契約，和平是無法建立或保證的。」[157]在這個問題上，我們的行動格準應該是什麼是毫無疑問的。然而，這絕對不是一個純粹的旁觀者——他並沒有採取行動，而是完全依賴他所見的——會得出的結論，而這本小冊子的諷刺性標題更暗示了可能存在的矛盾。因為原來的標題《邁向永

157 Ibid., p. 100 (Second Definitive Article).

久和平》（*Zum ewigen Frieden*）是一個荷蘭旅館老闆的諷刺題詞，大家都知道，那是指墳墓。**那**是「永恆和平」的地方（*That* is the place of Eternal Peace），而旅館老闆提供的飲料，即使在今生也能讓你達到這個渴望已久的境界。那麼和平又如何？和平是也可以是那稱為死亡的停滯嗎？康德不只一次地闡述了他對戰爭的**意見**（*opinion*），這種意見是他對歷史和人類進程的**反思**（*reflections*）結果，而並沒那裡比得上他在《判斷力批判》那樣有力地做，而他一如既往地在〈崇高〉（the Sublime）的章節討論這個主題：

> 即使對野蠻人來說，什麼才是最令人欽佩的對象？這是一個不會退縮、無所畏懼的人，因此不會屈服於危險……即使在最高度文明的國家，這種對士兵的特殊崇拜仍然保留著……因為即使〔在這裡〕人們也認識到他的靈沒有被危險所征服。因此……在比較政治家和將軍時，美學判斷決定後者。戰爭本身……其中有一些崇高的東西……另一方面，長期的和平通常會導致商業精神占主導地位，隨之而來的是低級自私、怯懦和女性化，並使人民的性情墮落。[158]

158 *Critique of Judgment*, § 28.

這是觀察者的判斷（也就是美學的）。旁觀者看到的是戰爭崇高的一面——也就是人類的勇氣——而那是康德在另一個情形下的一個笑話中提到：參與戰爭的國家就像兩個醉鬼在瓷器店裡互相毆打。[159] 世界（瓷器店）並沒有被考量在內。不過，當康德提出這個問題時，這個考量在某種程度上得到了照顧：就「進步」與文明而言，戰爭有什麼好處？在這裡，康德的答案同樣不是很明確。可以肯定的是，大自然的「最終設計」（final design）是一個「**世界性的**整體（*cosmopolitan* whole），也就是由所有有可能互相傷害的國家所組成的系統」。然而，戰爭不僅可能是「由人們肆無忌憚的激情所激發的……一項無意之下成就的事業」，而且由於其毫無意義，實際上不僅可以為最終的世界和平做好準備（最終，純粹的疲憊將強加既不理性也不善意的東西），但是

> 儘管戰爭給人類帶來了可怕的苦難，而在和平時期為戰爭所做的不斷準備也給他們帶來了更大的苦難，但戰爭……卻是將所有可為文化服務的天賦到發展到最高境界的動機。[160]

159 *Kant's Political Writings*, ed. Reiss, p. 190｛這句話其實是借自休謨｝

160 *Critique of Judgment*, § 83.

簡言之，戰爭「並不如普遍君主制的死氣沉沉那麼糟糕」。[161]國家的多樣性，以及由此產生的所有衝突，是進步的媒介。

這些美學與反省性判斷的見解，對於行動並沒有實際的影響。就行動而言，毫無疑問

> 我們內在的道德實踐理性宣佈了以下不可抗拒的否決權：**此將不再有戰爭**……因此，永久和平是否真的可能，或者我們假設永久和平是可能的，是否在理論上可能判斷錯誤，已經不再是一個問題。相反地，我們只須採取行動，彷彿和平真的可以實現……即使實現和平的意圖永遠只是一個虔誠的希望……因為這是我們的責任。[162]

但是，這些行動的格準並沒有取消美學與反省性的判斷。換句話說：即使康德永遠會為和平而行動，但他知道並牢牢記住他的判斷。倘若他以觀察者的身份依據他所獲得的知識行事，在他自己的心目中，他就是罪犯。如果他因為這個「道德責任」（moral duty）而忘記了他作為觀察者的洞察，他就會變成許多參與並投入公共事務的好人所趨向的那樣——一個理

---

161 *Religion within the Limits of Reason Alone*, p. 29, note.

162 *Kant's Political Writings*, ed. Reiss, p. 174 (*The Metaphysics of Morals*, § 62, Conclusion).

想主義傻瓜。

讓我來總結一下：在我讀給你們的章節中，有兩個非常不同的因素幾乎無處不在——這兩個因素在康德自己的心目中是緊密相連的，而絕非其他。首先是旁觀者的位置。他所看到的才是最重要的；他可以在事件發生的過程中發現意義，一種為行動者所忽略的意義；而他的洞察力的存在基礎在其非關利害性（disinterestedness）、不參與（nonparticipation）與不介入（noninvolvement）。旁觀者非關利害的關注，將法國大革命定性為一個偉大的事件。其次，是進步的觀念、對未來的希望，由這些因素人們根據事件對後代的承諾來評價它。在康德對法國大革命的評價中，這兩種觀點若合符節，但就行動原則而言，這並不意味著什麼。但在康德對戰爭的評價中，這兩種觀點也不謀而合。戰爭帶來進步——任何人只要知道科技史與戰爭史有多密切的關係，就不能否認這一點。戰爭甚至會帶來邁向和平的進步：戰爭是如此可怕，以致於戰爭越是可怕，人們就越有可能變得理智，並努力達成國際協議，最終實現和平（命運指引有意願之人，拖著不願意之人：*Fata ducunt volentem, trahunt nolentem*）。[163] 但對康德來說，這並非命運；這是進步，是人類背後的設計，是大自然的詭計，

---

163 參見 *On History*, ed. Beck, p. 111（引文來自塞內卡〔Seneca〕）.

或是後來被稱為的歷史的詭計（a ruse of history）。

這些觀念中的首個——只有觀察者而非演員才知道一切——實古而有之；事實上，它是哲學中最古老、最具決定性的觀念之一。沉思的生活之道的優越性，這個整體想法來自於這種早期的洞察，即意義（或真理）只揭示給那些克制自己不行動的人。我將以最簡單、最不複雜的形式，以畢達哥拉斯的一個寓言故事來告訴你：

> 人生……就像一個節慶；就像有些人來參加節慶是為了競賽，有些人來從事自己的行業，而最優秀的人則來當觀察者〔*theatai*〕，所以在人生中，奴隸式的人為了名聲〔*doxa*〕或利益而狩獵，哲學家則是為了真理。[164]

潛藏在這估算之下的訊息是：第一，只有觀察者的位置能讓他看到整體；行動者因為是戲劇的一部分，所以必須演出他的部分——從定義來說，他本就是片面的（partial）。觀察

164 Diogenes Laertius, *Lives of the Philosophers* 8. 8, trans. G. S. Kirk and J. E. Raven, The Presocratic Philosophers (Cambridge, Eng.: At the University Press, 1971), p. 228.

者的定義本就是全面的（impartial）[165]——他沒有被指派的部分。因此，從直接參與退到遊戲之外的此一立場，是所有判斷的一個「必要條件」（a condition *sine qua non*）。其次，行動者所關心的是*doxa*，是名聲——也就是他人的意見（*doxa*一詞同時有「名聲」與「看法」的意思）。名聲來自於他人的看法。因此，對行動者說，決定性的問題是他在別人眼中的形象如何（*dokei hois allois*）；行動者依賴於觀察者的意見；他並非自律的（autonomous，用康德的語言來說）；他並非依照內在的理性聲音行事，而是依照觀察者對他的期望行事。觀察者就是標準，而這個標準就是自律。

將其轉化成哲學家的話語，就是觀察者的生活之道是至高無上的，也就是*bios theōrētikos*（來自*theōrein*，「看著」）。在這裡，人們完全擺脫了意見的洞穴，轉往捕獵真理——不再是節慶中遊戲的真理，而是永恆事物的真理，這些事物不可能與它們的本質不同（所有的人類事務都可能與它們的本質不同），因此它們是必然的。[166]只要人可以實現這種抽離，

---

165 譯注：或譯「公平的」、「大公無私」。本文一般翻譯impartiality為「公正性」，但在此鄂蘭想點明行動者和觀察者的差異，在於前者局限於故事角色，亦即其心性條件與歷史構成的視角，而觀察者則能抽身而出，縱觀全局，因要才能擁有做出不偏私、公正、全面性判斷的條件。是以譯者選「片面」及「全面」來突顯這種條件限制，而非「不公正」與「公正」這對含有較強道德意味的形容詞。

166 譯注：鄂蘭在此提及的是柏拉圖的「洞穴之喻」（Allegory of the cave），用以鋪陳古希臘時期真理觀的演變。自赫拉克利

人就會去做亞里斯多德所說的 *athanatizein*，「使不朽」（作為一種活動來理解），而人是用靈魂中的神聖部分來做這事。康德的看法則有所不同：某人也會退到「理論的」（theoretical）、旁觀的、觀察者的立場，但這個位置是法官（the Judge）的位置。康德哲學的整體用語都充滿了法律的隱喻：它是「理性的法庭」（the Tribunal of Reason），世界發生的事在它面前顯現。無論是哪一種情況：即使全神貫注於景象，我置身於景象之外，我放棄了決定我事實的存在立場（factual existence），以及所有其周圍環境、偶然的條件（with all its circumstantial, contingent conditions）。[167] 康德或會說：我已經達到了一般的立場，也就是法官在作出判決時所要保持的公正性。希臘人會說：我們已經放棄了 *dokei moi*，「於我看來是」（the it-seems-to-me），以及「在別人看來怎樣怎樣的渴望」（the desire to seem to

---

特與巴曼尼得斯以降，前者言萬物流轉（Panta rhei），變動本身就是真理，而後者則認為真理永恆不變不動不可分，是一種必然的，「存在／有／是」（ἔστι，ésti)），而意見因人言人殊、落入時空的限制裡，因此變動不居，是偶然的，「非存在／非有／非是」（οὐκ ἔστῐ，*ouk ésti*）。真理跟變跟不變、必然或偶然、一或多這些概念自古就連結在一在，而柏拉圖的真理觀則較接近巴曼尼得斯一路。讀者若想進一步了解，可參考陳康對柏拉圖的解讀：《陳康哲學論文集》，臺北市：聯經，民74。

167 譯注：於此鄂蘭明顯運用了眾多海德格式的概念與術語。例如，在《存在與時間》中，此在（Dasein）——人的存在——的存在有其一種實況性（Faktizität），其存活（Existenz）依據其周圍環境（Umgebung）、偶然條件所構成。

others）；我們已經放棄了*doxa*，它既是意見，也是名聲。

在康德身上，這個古老的概念加入了一個全新的觀念，那就是進步的觀念，它實際上提供了一個基於人們作判斷的標準。無論是在生命的節慶中，或是在看到永恆的事物之時，希臘的觀察者看著和判斷（尋找的真理）的，就其本身而言，是宇宙的特定事件，而不將其與任何它可能扮演或不扮演某一部分的更大過程聯繫。他實際上關心的是個別事件、特定行為。（想想希臘的圓柱，欠缺樓梯，諸如此類）它的意義並不取決於原因或結果。故事一旦完結，就包含了全部的意義。希臘歷史學也是如此，這解釋了為什麼荷馬（Homer）、希羅多德和修昔底德（Thucydides）可以給予戰敗的敵人所應得的。故事可能也包含對後代有效的規則，但它仍然是單一的故事。以這種精神寫成的最後一本書，似乎是馬基維利的佛羅倫斯《故事》（Machiavelli's Florentine *Stories*），大家都知道這本書有《佛羅倫斯的歷史》（*The History of Florence*）這令人誤解的書名。重點在於，對於馬基維利而言，《歷史》只是一本包含所有人類故事的鉅著。

以進步作為判斷歷史的標準，在某種程度上顛覆了古老的原則，即故事的意義只有在其結束時才得以顯現（*Nemo ante mortem beatus esse dici potest*｛沒有人能在死前被稱為有福之人｝）。在康德看來，故事或事件的重要性恰恰不在於其結局，而在於它為未來開啟了新的視野。正是它所包含的對後代的**希望**，使法國大革命成為一個如此重要的事件。這種感覺非常廣泛。對黑格爾來說，法國大革命也是最重要的轉折點，他總是用一些比喻來描述它，如「旭日燦爛初升」、「破曉」等等。它是個「世界歷史」（world-historical）的事件，因為它包含了未來的種子。此中問題是：那麼，誰是故事的主角？不是革命的人們；在其心中，當然沒有世界歷史。世界歷史之所以會有意義，只有當

> 人們的行動所產生的結果，比他們所打算和達成的、比他們所知道或想要的，還要多出一些東西時，他們便完成了他們所關切之事；但是也完成了另外一些東西，這些東西是隱含在其中的，並不在行動者的意識和意圖裡。打個比方，一個人可能會因為報復而放火燒了另一個人的房子，〔那〕直接的行動就是拿著火苗點燃樑上的一小部分……〔接下來的事情並非故意：〕產生了一場大火……這個結果既不是主要行為的一部分，也不是始作俑者的本意。這例子只說明，在直接的行動中，可能會牽涉到行動者有意識地卻意願之外的東西。[168]

---

168 參見 Hegel, *Reason in History*, trans. Robert S. Hartman, Library of Liberal Arts (Indianapolis: Bobbs-Merrill, 1953), pp. 35-36 (Hegel's Introduction to *The Philosophy of History*).

這是黑格爾的文字，但也可以是康德寫的。然而，它們之間是有區別的，是雙重且非常重要的。對於黑格爾，是絕對精神（Absolute Spirit）在過程中揭示了自身，而在這一揭示結束時，哲學家所能理解的正是這點。而對於康德，世界歷史的主題是人類本身。此外，對於黑格爾，絕對精神的啟示必會迎來終局（黑格爾為認歷史有其終局；過程並非無限，因此故事也有結局，只是這個結局需要許多世代和世紀才能達到）；並非人類，而是絕對精神最終會被揭示，而只有在他最終能夠明白人的偉大。但在康德看來，進步是永恆的；進步永無終點。因此，歷史並無終點。（在黑格爾、同樣在馬克思那裡，歷史有終結的概念是決定性的；因為這意味著一個不可避免的問題：在這個終局出現之後，如有的話，會發生什麼事？——撇開每一代相當明顯的傾向不談，他們相信這種末世終結將在他們自己的一生中實現。正如科耶夫〔Kojève〕正確地說出，黑格爾影響了馬克思的那部分，被推向了其固有的極端：「在歷史終結之後，人類除了永遠重新思考已經完成的歷史過程之外，別無他事。」[169]另一方面，在馬克思本人的眼中，以豐饒為基礎，無階級的社會與自由的國度，將導致每個人都沉溺於某種嗜好之中。）

169 Alexandre Kojeve, "Hegel, Marx and Christianity," *Interpretation* 1 (1970): 37.

回到康德：與世界歷史相對應的主題是人類。大自然的設計是要發展人類的所有能力——人類被理解為大自然的物種之一，但有一個決定性的差異：動物的物種「不過是指所有個體必須彼此直接相符的特徵」。[170]人類的物種則完全不同。透過它，

> 我們所理解的是一系列世代的總體，一直延續到無限（不能確定者）……〔這道〕世系不停地接近它同時出現的終點……〔它〕的所有部分都與這條命運線漸近，而且整體上與它相符。換句話說，在人類所有這些世代中，沒有任何一個單一成員會完全達到它的目的地，唯有整個物種才能做到……哲學家會說，一般而言，人類的目的地是永恆的進步。[171]

由此，我們可以得出一些結論。我們會說，歷史是人類這個物種內在的東西；人類的本質是無法被決定的；而對於康德自己的問題：人到底為何存在？答案是：這個問題是無法回答的，因為「〔他們的〕存在價值」只能「在整體中」揭示出來，也就是永遠不會對任何一

---

170 *On History*, ed. Beck, p. 51 (Third Review of Herder).
171 Ibid.

個人或任何一代人顯示出來，因為過程本身就是永恆的。

因此：康德的道德哲學的中心是個人；他的歷史哲學（或者說，他的自然哲學）的中心是人類種族或全人類的永久進步。（因此：從一般的觀點看的歷史。）一般的觀點或立場是由觀察者所佔據的，觀察者是一個「世界公民」，或更確切地說，是一個「世界觀察者」。透過對整體的了解，他能研判任何單一、特定的事件中，進步是否正在發生。

第十講

我們之前一直在談論觀察者與行動者之間的衝突。在觀察者跟前的景象——彷彿是為了讓觀眾作出判斷而上演的——是整個歷史，而這個景象的真正英雄是在「一代又一代繼續進行」某種「無限」的人類。這個過程並沒有終點；「人類的目的地是永恆的進步」。在這個過程中，人類的能力得以實現，並發展到「最高境界」——只不過，絕對意義上的最高境界並不存在。在末世論（eschatology）的意義上，終極的目的地並不存在，雖然是在行動者的背後，但這一進程被兩個主要目標引導，是**自由**——在簡單而基本的意義上，即沒有人統治他的同胞——以及國家之間的**和平**，作為人類種族團結的條件。朝著自由與和平的永久進步，後者保證了地球上所有國家之間的自由交往：這就是理性的理念，而沒有這些理念，單純的歷史故事是沒有意義的。如果具備理性的人能夠看到並作判斷，那麼整體才會賦予眾特殊者意義。人類雖然是自然界的造物，也是自然界的一部分，但卻因為理性的追問而超越了自然界：自然的目的是什麼？透過製造一種有能力提出這樣問題的物種，大自然製造了自己的主人。人類有別於所有動物種類，不只是因為它擁有語言和理性，而是因為它的能力可以有不確定的發展。

到目前為止，我們討論了單數形式的觀察者（the spectator in the singular），康德自己也經常這樣做，而且是有充分理由的。首先，簡單的事實是，一個旁觀者可以看見許多行動者，他們一起提供在他眼前展開的景象。其次，是整個傳統的重擔，根據這傳統，沉思的生活方式是以脫離芸芸眾生為前提的；它把一個人單獨化，因為沉思是一種獨處的事業，或至少可以在獨處時進行。你還記得柏拉圖在「洞穴的寓言」（Parable of the Cave）[172]中提到，洞穴中的居民，也就是那些觀看眼前螢幕上皮影戲的人們，「被雙腿與脖子鎖著，所以他們無法移動，只能看到眼前的事物，因為鎖鏈不讓他們轉動頭顱」；因此，他們也無法就所看

172 *The Republic* 514a ff.

到的事物彼此溝通。不僅是從理型（Ideas）天空之光中回來的哲學家是個完全孤立的人物，洞穴中的觀察者也是彼此孤立的。另一方面，在獨處或隔離之下，行動是不可能的；一個人至少需要他人的幫助才能完成他的任務。當這兩種政治（積極的）和哲學（沉思的）生活之道的區別，被解釋為使它們互相排斥時——例如，在柏拉圖的政治哲學中就是這樣——就會得到一個絕對的區別：一個人**知道**什麼是最好的做法，而其他人則按照他的指導或命令去完成它。這就是柏拉圖《政治家篇》（*Statesman*）的要點：理想的統治者（*archōn*）根本不會行動；他是開始並知道行動預期結果的智者，因此他是統治者。所以，讓他知道自己的意圖是完全多餘的，甚至是有害的。我們知道，對康德來說，公開性恰恰相反，它是統治所有行動的「超驗原則」（transcendental principle）。你會記得，任何「需要公開」以避免違背其本身目的的行為，都是結合了政治與權利的行為。康德不可能擁有跟柏拉圖相同的，關於行動和單純判斷、沉思或認識有相同的觀念。

如果你問自己，這個公眾在哪、是誰，會一開始就宣傳這個意圖行為，那麼很明顯，在康德的例子中，它不可能是公眾的行動者或在政府的行動者。他心目中的大眾，當然是閱讀的大眾，而他所渴求的是大眾意見的重量，而非大眾選票的重量。在十八世紀最後數十年的普魯士——也就是，一個在絕對君主統治下的國家，由頗為開明的公務員官僚體系提供建議，而這些公務員就像君主一樣，與「臣民」（the subjects）完全分離——除了這個閱讀與書寫的大眾之外，不可能有真正的公共領域。根據定義，祕密且不可接近的，正是政府與行政的領域。而如果你閱讀我在此所引述的文章，你應該很清楚，康德只能將行動想像成當權者（無論他們碰巧是什麼）的行動——也就是，政府的行為；任何來自民眾的實際行動，只能包含在陰謀活動中，也就是祕密社團的行為與陰謀。換句話說，對他來說，既有政府的替代方案不是革命，而是政變。與革命相反，政變必須祕密地準備，而革命團體或政黨總是渴望公開他們的目標，並召集重要的人口群眾支持他們的事業。至於這種策略能否帶來革命，則是另一回事。但重要的是，要明白康德對革命行動的譴責是基於一種誤解，因為他是以政變的方式來構想革命行動的。

我們習慣從理論與實踐的關係來思考沉思與行動之間的差異，雖然康德確實就此事寫過一篇文章，〈論俗語所謂：「這在理論上或許正確，但在實踐上卻不適用」〉（On the Common Saying: 'This May be True in Theory, But It Does Not Apply in Practice,'），但這也是事實，而這篇文章是最好的證明，他並不如我們那樣理解這個問題。康德的實踐概念是由實踐理性（Practical Reason）所決定的；而《實踐理性批判》既沒有處理判斷力，也沒有論及行動，卻告訴了你有關的一切。產生「沉思的愉悅」與「無為的喜悅」的判斷力（Judgment）

在其中未佔一席之地。[173]在實際的問題上，起決定性作用的不是判斷力而是意志，而這意志只跟隨理性的格準。即使在《純粹理性批判》中，康德也是以它的**實踐的**意義（its *practical* implication）開始他對〈理性的純粹運用〉（Pure Employment of Reason）的討論，儘管他隨後暫時「把實踐的｛即道德的｝理念擱在一旁，只在它的思辯性……運用中考慮理性」。[174]這種思辯推測（speculation）關乎個人的終極目的地，也就是「最崇高問題」（the most sublime questions）。[175]在康德那裡，實踐意謂道德，它關乎個人**之為**個人（the individual *qua* individual）。它真正的對立面不是理論，而是推測——理性的思辯性運用（the speculative use of reason）。康德在政治事務上的實際理論是永久進步的理論，以及各國聯邦結盟的理論，以便賦予人類的**理念**一個政治現實。無論誰朝這個方向努力，都會受到歡迎。但在他對一般人類事務的反思中，這些理念與法國大革命的觀察者「近乎熱忱的，一廂情願的參與」，以及「並未參與其中的大眾｛的｝興奮」、「毫無協助之意」帶著同情地觀望，是截然不同的。在他看來，恰恰是這種同情使大革命成為「……不能忘記的現象」——或者換

173 Introduction to *The Metaphysics of Morals*, section I (see n. 30, above). 【譯按】即本書注45。

174 *Critique of Pure Reason*, B825 ff.

175 Ibid., B883.

句話說，使大革命成為具有世界歷史重要性的公共事件。因此：構成這個特定事件的適當公共領域的並不是行動者，而是稱譽的觀察者。

由於康德並沒有撰寫他的政治哲學，要知道他對這件事的看法，最好的方法就是轉向他的「審美判斷力批判」（Critique of Aesthetic Judgment），在那裡，當他討論藝術作品的製作與品味的關係時，他面對了一個類似的問題。我們——出於我們不需深究的理由——傾向於認為，為了判斷一個景象，你必須先擁有這個景象——觀察者對於行動者來說是次要的；我們傾向於忘記，沒有一個正常人會在不確定有觀察者觀看的情況下上演一個景象。康德深信，沒有人的世界將會是一片荒蕪，而沒有人的世界對他來說就是：沒有觀察者。在關於審美判斷的討論中，康德區分了天才與品味。藝術作品的創作需要天才，而判斷它們是否是美麗的對象，所需要「無非」（我們會這樣說，但康德不會）是品味。「判斷美麗的對象需要；**品味**（*taste*）……，需要**天才**（*genius*）來創造它們。」[176] 根據康德，天才是創造性想像力和原創性的事情，而品味只是判斷力的事情。他提出了一個問題：這兩種能力中，哪一

176 *Critique of Judgment*, §48.

種是「更高尚」的能力——哪一種是「在判斷藝術作為美的藝術時」的**必要**條件？[177]——當然，假設大多數美的判斷者都缺乏被稱為天才的創造性想像力，但少數被賦予天才的人卻不缺乏品味能力。而答案是：

> 對於美感而言，豐富和獨特的理念，不如想像力的自由與知性的規律符合來得重要（那被稱為品味）。因為前者的豐富性在無法可依的自由中只會產生胡言亂語；另一方面，判斷力是那能力，藉著它想像力被調整符合知性。
>
> 品味，就像一般的判斷力一樣，是天才的規訓（或訓練）；它剪斷天才的翅膀……，給予引導……，使（天才的思想）清晰有序；它使理念能夠永久地、普遍地得到認同，能夠被他人所遵循，能夠成為一種不斷進步的文化。因此，如果這兩種特性的衝突在作品中出現而必須犧牲一些東西，天才這邊就應該被犧牲。[178]

177 Ibid., § 50.
178 Ibid.

儘管如果沒有天才，就沒有任何可供判斷的東西存在，康德仍允許這種天才對品味的從屬關係。但康德明確地說：「對於美的藝術，……**想像力**、**理智**、**精神**和**品味**也是需要的」，而且他在注釋中補充說：「前三種能力是藉由第四種能力結合起來的」，也就是說，藉由品味，也就是判斷力結合。[179]此外，精神——一種不同於理性、理智和想像力之外的特殊能力——使天才能夠為理念找到一種表達方式，「通過這種方式，思想所帶來的主觀心境……可以傳達給他人」。[180]換句話說，精神——也就是啟發了天才，而且只有天才才能被啟發，「任何科學都無法教授，任何工業都無法學習」——包含在表達「心境｛*Gemütszustand*｝中不可言喻的元素」，某些表象喚起了我們所有人的心境，但我們卻無言以對，因此，如果沒有天才的幫助，我們將無法相互溝通；使這種心境「一般地可作溝通」是天才的恰當任務。[181]引導這種交流的能力是品味，而品味或判斷不是天才的特權。美的對象存在的**必要**條件是可溝通性；觀察者的判斷力創造了空間，沒有這個空間，美的對象根本不可能出現。公共領域是由評論者和觀察者構成的，而不是行動者或製作者構成的。而這評論者與觀察者坐

179 Ibid.
180 Ibid., § 49.
181 Ibid.

在每個行動者與製造者之中；如果沒有批判、判斷的能力，實施者或製作者將會與觀察者隔離，甚至無法被察覺。或者，換個角度來說，還是用康德的術語：藝術家的原創性（或演員的新穎性）取決於他能否讓那些非藝術家（或演員）的人理解他自己。儘管因為天才的原創性，我們可以用單數來形容他，但我們卻無法像畢達哥拉斯那樣，用同樣的方式來形容**那**觀察者。觀察者只存在於複數中，他不參與行動，但總是與其他觀察者在一起。他不具備創作者的天才、原創性，也不與行動者一樣具有新穎能力；他們共同擁有的能力是判斷力。

就製作而言，這種洞見至少與拉丁語（跟希臘語不同）一樣古老。我們在西塞羅的《論演說家》（*On the Orator*）中首次發現了這個表述：

> 對每個人來說，在沒有任何藝術和比例知識的情況下，透過某種無聲的感覺來區分｛*dijudicare*｝，在藝術和比例的事情上區分對與錯：雖然他們可以在繪畫和雕像的情況下做到這一點，但在其他此類情況下自然賦予他們較少的理解能力的作品，他們在判斷單詞的節奏和發音時更多地表現出這種辨別力，因為這些都植根｛*infixa*｝於常識，並且對於這些事

物，大自然希望沒有人完全無法感知和體驗它們（*expertus*）。[182]

> 他接著注意到，確實是令人驚奇和引人注目的
>
> 是有學問的人與無知的人在判斷方面的差異可以如此之小，而在製作方面卻存在最大的差異。[183]

以差不多同樣的方式，康德在他的《人類學》中評論說，精神錯亂在於失去了使我們能夠作為觀察者進行判斷的共感（common sense）。[184]與之相反的是*sensus privatus*，一種私人的感覺，他也稱之為「邏輯的**固執**」（logical *Eigensinn*）[185]，這意味著我們的邏輯能力，使

---

182 Cicero, *On the Orator* 3. 195.

183 Ibid. 3. 197.

184 譯注：於此我們從前譯「常識」改為「共感」，因為鄂蘭開始進入討論《判斷力批判》中的關於「共通感」（sensus communis）的討論。其重點漸次轉向「溝通性」與「共通的感官」的面向，而不再是知識的問題。補充見注77。

185 *Anthropology from a Pragmatic Point of View*, trans. Gregor, § 53 (see n. 52, above). 【譯按】即本書注72。

我們能夠從前提中得出結論的能力，確實可以在沒有交流的情況下發揮作用——也就是說，除了如果精神錯亂導致了常識的喪失，那麼它就會導致瘋狂的結果，正是因為它脫離了只有在其他人在場的情況下才能有效和可被驗證的經驗。

這項事業最令人驚訝的方面是，常識、判斷力和辨別是非的能力應該以味覺（taste）感官為基礎。在我們的五種感官中，其中三種清楚地為我們提供了外在世界的對象，因此很容易傳達。視覺、聽覺和觸覺直接且客觀地與對象打交道；透過這些感官，對象是可辨識的，並且可以與他人分享——可以用文字表達、談論等。嗅覺和味覺提供完全私人的、不可交流的內在感覺；我嚐到的味道和聞到的氣味根本無法訴諸文字表達。從定義上看，它們似乎是私人感官。此外，這三種客觀感官有一個共同點：它們能夠**再**現（*re*presentation），能夠呈現缺席的東西。例如，我可以回憶起一棟建築、一段旋律、天鵝絨的觸感。這種能力——康德稱為想像力——是味覺和嗅覺所不具備的。另一方面，它們顯然是判別性的感官（discriminatory senses）：人們可以不對自己所看到的事物作出判斷，並且儘管不太容易，人們也可以不對自己聽到或觸摸到的事物作出判斷。但在味覺或嗅覺方面，「讓我愉悅或不愉悅」（it-please-or-displeases-me）是直接且壓倒性的。再次強調，愉悅或不悅是完全異質的（idiosyncratic）。那麼，為什麼品味——不是從康德而是從葛拉西安（Gracián）開始——

被提升到並成為精神判斷力能力的載體呢？反過來，判斷力——也就是說，不是簡單的認知性的、存在於感官中的判斷，這種判斷給了我們與所有具有相同感官設備的生物所共有的對象，而是對與錯的判斷力——為什麼這要基於這種**私人的**感官（*private* sense）？當涉及到品味一事時，我們是否無法溝通，甚至無法爭論？*De gustibus non disputandum est.*[186]

這個謎題的答案是：想像力。想像力，即呈現缺席事物的能力，將客觀感官的對象轉變為「感知到的」對象，就好像它們是內在感覺的對象一樣。這不是反映在某對象上，而是反映在其表象來實現的。現在所表象的對象引起了人們的愉悅或不愉悅，而不是對對象的直接感知。康德稱此之為「反省的運作」（the operation of reflection）。[187]

第十一講

讓我重複一遍，提醒大家我們在放假前所談論的：我們發現康德政治理論與政治實踐之

186 譯注：拉丁語格言，意謂「關於品味，不容辯駁」。
187 *Critique of Judgment*, § 40.

間的共同區別或對立，就是觀察者與行動者之間的區別，而令我們驚訝的是，我們看到觀察者佔了優勢：在法國大革命中，使它成為世界歷史事件、一個不會被遺忘的現象，並不是行動者的行為和惡行，而是觀察者及那些本身沒有參與其中的人的意見和充滿熱忱的贊同。我們也看到，這些沒有牽涉其中和沒有參與的觀察者——可以說，他們在人類歷史中使這事件成為家常便飯，因此對於所有未來的行動來說——他們**是**彼此牽涉其中的（與奧林匹克運動會中的畢達哥拉斯式的觀察者或柏拉圖洞穴中的觀察者不同，他們無法彼此溝通）。我們從康德的政治著作中得到這麼多；但為了了解這個立場，我們翻到《判斷力批判》，在那裡我們發現康德面對著一個相似或類同的情況，那就是藝術家、製造者或天才與他的觀眾之間的關係。康德再次面對這個問題：誰更高尚？還有哪一種品質更高尚，是知道如何製造還是知道如何判斷？我們看到這是一個老問題，西塞羅已經提出過這個問題，也就是在藝術這回事上，每個人似乎都能分辨對錯，但卻只有少數人有能力製造出它們。[188]並且西塞羅還說，這種判斷是透過「沉默的感覺」（silent sense）來完成的——意思大概是，一種在其他情況不會表達自己的感官。

188 譯注：「它們」是指藝術品。

自葛拉西安以來，這種判斷一直被稱為「味覺」，而我們回想起來，味覺現象實際上是引導康德提出他的《判斷力批判》的原因；事實上，直到一七八七年，他仍然稱之為《味覺批判》（a Critique of Taste）。這便引發我們自問，為什麼判斷這個心理現象是從味覺而不是從更客觀的感官，尤其是其中最客觀的視覺來闡釋的呢？我們提到味覺和嗅覺是最私密的感官，也就是說，它們感應到的不是對象，而是一種感覺（sensation），而這種感覺如不被對象綁定（object-bound），也是無法回憶的。（如果你再次感應到玫瑰花的氣味或某道菜餚的味道，你可以認出它，但是在玫瑰花或食物缺席的情況下，你無法讓它呈現，就像你無法讓你曾經看過的任何景象或聽過的任何旋律呈現，即使它們不在；換句話說，這些都是無法**再現**〔*represented*〕的感官。）與此同時，我們看到為什麼是味覺，而非其他感官成為判斷力的載具；這是因為只有味覺與嗅覺在本質上是辨別性的，也因為只有這些感官與特殊**之為**特殊（the particular *qua* particular）有關，而所有給客觀感官的對象都與其他對象分享它們的特性，也就是說它們不是獨一無二的。此外，「讓我愉悅或不悅」在味覺和嗅覺中是壓倒性地呈現的。它是直接的，不經任何思考或反省。這些感官是**主觀的**（*subjective*），因為所見、所聽或所觸之事物的客觀性在其中被消滅了，或至少是不呈現；它們是**內在的**（*inner*）感官，因為我們所品嚐的食物是在我們自己的，在某種程度上玫瑰的氣味也是如此。「讓我愉悅或不悅」與「我同意或不同意」（it-agrees-or-disagrees-with-me）幾乎是一樣的。事情的重點是：我直接受到影響。正因如此，這裡沒有對錯好爭議。*De gustibus non disputandum est*——對於品味的事情沒什麼好爭議。如果我不喜歡吃牡蠣，任何論證都無法讓我喜歡吃牡蠣。換句話說，品味一事擾人之處在於它們是無法溝通的。

這些謎題的解答可以用另外兩種能力的名稱來表示：**想像力**與**共感**。

想像力，也就是讓缺席的東西呈現的能力，[189]將對象轉化為我不需要直接面對的東西，但我已經在某種意義上將之內化，所以我現在可以被它所影響，就好像它是由非客觀的感官所給予我的一樣。康德說：「單單在判斷它的行動中就令人愉悅的就是美。」[190]也就是說：它在感知中是否令人愉悅並不重要；僅在感知中令人愉悅的東西是令人滿足的（gratifying），但並不是美的（beautiful）。在表象中，它是令人愉悅的，因為現在想像力已

189 巴曼尼得斯（斷簡四）談到了「努斯」（*nous*），它使我們能夠堅定地看待在場的事物，儘管它們缺席：「看看缺席的事物對努斯｛*nous*｝的呈現有多強烈」（參見Kathleen Freeman, Ancilla to the Pre-Socratic Philosophers ｛Oxford: Basil Blackwell,1971｝, p. 42）。【譯按】鄂蘭關於這點的詳細討論，請見本書〈想像力〉章節。而關於nous一詞的翻譯理由，見本書注223。

190 *Critique of Judgment*, § 45.

經為它做好了準備，讓我可以反省它。這就是「反省的運作」。只有在表象中觸及、影響人的東西，當人不再被直接在場之物所影響——當人不牽涉其中，就像觀察者不牽涉於法國大革命的實際行動中——才能被判定為對還是錯、重要還是不相干、美還是醜，或介乎兩者之間的東西。這時候，我們談論的是判斷力，而不再是味覺，因為儘管它仍然像味覺一事一樣影響著我們，但我們現在已經用表象的方式建立了適當的、遙遠的、不牽涉其中的、非關利害關係的距離，這是要贊同和反對、評價某事物的適當價值必不可少的。藉由移除對象，建立了公正性的條件。

至於共感：康德很早就覺察到，在看似最私人、最主觀的感覺中，存在著一些非主觀的東西。這覺察被表達如下：在品味一事上，有一個事實，「美的事物，只有〔當我們〕處於**社會**（*society*）中時，才會引起〔我們的〕興趣……一個被遺棄在荒島上的人，既不會裝飾他的小屋，也不會裝飾他個人……〔人〕如果不能與他人共同感受到某個對象的滿足感，就不會對它感到心滿意足」。[191] 或者：「如果我們的品味與他人不一致，我們就會感到羞愧」，就像我們在遊戲中作弊時，我們會鄙視自己，但只有當我們被抓住時，我們才會感到

191 Ibid., § 41.

羞恥。或者：「在品味一事上，我們必須放棄自身，以利他人」或為了取悅他人（*Wir müssen uns gleichsam anderen zu gefallen entsagen*）。[192] 最後，也是最根本的：「在品味中，自我中心被克服了」；也就是說，我們在這個詞的原始意義上是「體貼的」。我們必須為了他人而克服自己特殊的主觀條件。換句話說，在非客觀感官中的非主觀元素，就是交互主體性（intersubjectivity）。（你必須獨處才能思考；你需要有人陪伴才能享受美食。）

判斷力，尤其是關於品味的判斷，總是會反思他人及其品味，將他們可能的判斷納入考量。這是必要的，因為我是人，不可能活在人的圈子之外。我是以這個社群的一員，而不是以一個超感官性世界的一員來作判斷，這個世界裡也許有人擁有理性，但卻沒有同樣的感官器官；因此，我遵從我自己的律法，而不管別人對這件事的看法如何。這個律法本身是自證的（self-evident）且令人信服的。判斷力與品味的基本他律性，似乎與感官本身的本質、絕對異質的本質，形成了最大可能的對立。因此，我們可能會認為判斷力是錯誤地從這個感官衍生出來的。康德非常覺察這個引申的所有涵意，但他仍然深信這個引申是正確的。而最有說服力且有利於他的，是他的觀察完全正確，

---

192 "Reflexionen zur Anthropologie," no. 767, in *Gesammelte Schriften*, Prussian Academy ed., 15:334-35.

即「美」（the Beautiful）的真正對立面不是「醜」（the Ugly），而是「那些激發**厭惡**（*disgust*）的東西」。[193]不要忘記，康德原本打算寫一本《道德品味之批判》，所以美麗的現象可以說是他早期對這些判斷力現象的觀察所留下來的。

第十二講

判斷力有兩種心智運作。有一種是想像力的運作，在其中人會判斷不再在場的對象，這些對象從直接的感官知覺中移除，因此不再直接影響人，然而，雖然對象從人的外在感官中移除，它現在卻成為人的內在感官的一個對象。當一個人把缺席的對象呈現在自己面前時，就等於關閉了那些感官，而客觀的對象就是藉由這些感官被賦予的。味覺可以說是人感知自己的一種感官，它是一種內在的感官。因此：《判斷力批判》是從味覺批判中發展出來的。這個想像力的運作為「反省的運作」準備了對象。而這第二道運作——反思的運作——就是判斷某事物的實際活動。

這種雙重運作為所有的判斷建立了最重要的條件，也就是公正性的條件，「非關利害的

193 *Critique of judgment*, § 48.

喜悅」。只要閉上眼睛，人就會成為一個公正的、而不是直接受影響的可見事物的觀察者。即盲詩人。另外：透過將外在感官所感覺到的事物，變成內在感官的對象，人就壓縮與凝鍊了感官賦予的雜多（manifold）；人就能夠用心智的眼睛去「看」，也就是看見賦予特殊者意義的整體。觀察者的優勢在於，他看到的是作為一個整體的戲劇，而每個行動者只知道自己的部分，或如果他從表演的角度來判斷，只知道整體中與他有關的部分。根據定義，行動者是片面的。

現在出現的問題是：反思運作的標準是什麼？想像力的運作讓缺席的東西立即呈現在人的內在感官中，而這個內在感官根據定義是有辨別性的：它說它令人愉悅或令人不愉悅。它之所以被稱為品味，是因為它和味覺一樣會**選擇**。但這個選擇本身也受制於另一個選擇：一個人可以認可或不認可（approve or disapprove）**令人愉悅**的事實：這也受制於「贊同或不贊同」（approbation or disapprobation）。康德舉出了一些例子：「一個窮困但心地善良的人，因成為一個深情但赤貧的父親的繼承人而感到喜悅」；或者，反過來說：「一種深切的悲痛可以滿足經歷悲痛的人（一個寡婦因其優秀的丈夫去世而感到悲傷）；或者……一種滿足還可以令人愉悅（就像我們所追求的科學一樣）；或者，一種悲痛（例如仇恨、嫉妒、報復）

能令人更加不悅。」[194]所有這些贊同與不贊同都是後來的想法；在你進行科學研究的時候，你可能隱約覺察到你做這件事是快樂的，但只有在之後，當你不再忙著做你正在做的事時，你在反省它的時候，你才能有這額外的「愉悅」（pleasure）：**認可**它（of *approving* it）。在這種額外的愉悅中，不再是對象在取悅，而是我們判斷它是令人愉悅的**那**在取悅。如果我們將此與整個自然或世界相聯繫，我們可以說：我們很高興世界或自然能取悅我們。贊同的行為使人喜悅，不贊同的行為使人不悅。如今問題在於：如何在贊同與不贊同之間作出選擇？如果考慮到上面所舉的例子，我們很容易就能猜到一個準則，那就是可溝通性或公開性的準則。一個人不會過度熱衷於表達對父親去世的喜悅、或憎恨與妒恨之情；另一方面，一個人不會因為宣布自己喜歡做科學工作而受到懲罰，也不會因為一位優秀丈夫的去世而隱藏悲傷。

那麼，準則就是可溝通性，而判定它的標準就是共感。

《判斷力批判》，§ 39：

---

194 Ibid., § 54.

「論感覺的可溝通性」

確實，感官的感覺「一般地是可溝通的，因為我們可以假設每個人都有像我們自己的感覺。但這不能以任何單一的感覺為前提」。這些感覺是私人的；而且，不涉及任何判斷：我們只是被動的，我們做出反應，我們不是自發性的，就像我們隨意想像某事或反省它一樣。

在相對的極端，我們發現了道德判斷。根據康德的觀點，這些都是必要的；它們是由實踐理性指揮。它們可能會溝通，但這種溝通是次要的；即使它們無法溝通，它們仍然有效。

第三，我們有對美的判斷，或愉悅：「這種愉悅伴隨著想像力對某一對象的平常理解｛*Auffasung*；**非**「感知」｝……通過一種判斷力的程序，而它也必須代表最普通的經驗來執行。」我們對世界的每一種經驗中都有這類判斷力。這種判斷力是基於「我們必須在每個人身上預先假定的那種共同而健全的理智｛*gemeiner und gesunder Verstand*｝。」這種「共感」是如何與那些我們也有共同點，但仍不能保證在感覺上一致的其他感官區別開來？

《判斷力批判》，§ 40：

「論品味

作為一種**共通感**（*Sensus Communis*）」

這個詞改變了。「共感」一詞意指像我們其他感官一樣的感官——每個人在他的隱私中都是一樣的。康德使用拉丁語這個詞，表示他在這裡指的是不同的東西：一種額外的感官——就像一種額外的心智能力（德文：*Menschenverstand*）——讓我們融入一個社群。「人類的共同知性（common understanding of men）……是任何自稱為人類的人最起碼應有的。」這是讓人類與動物和神明區分開來的能力。人的人性正是在這個意義上顯現出來的。

共通感是人類特有的感官，因為溝通（即說話）有賴於它。為了讓我們的需要被知道，**表達**恐懼、喜悅等等，我們不需要說話。如果需要溝通很長的距離，聲音可以很好地取代手勢。溝通不是表達。因此：「精神失常的唯一一般症狀，就是喪失了**共通感**，並在邏輯上頑固地堅持自己的感官（*sensus privatus*〔私人感官〕），而{在精神失常的人身上}這種感覺被取代了。」{"Das einzige allgemeine Merkmal der Verrücktheit ist der Verlust des Gemeinsinnes（*sensus communis*）und der dagegen eintretende logische Eigensinn（*sensus privatus*）"}[195]精

---

195 *Anthropology from a Pragmatic Point of View*, trans. Gregor, § 53.

神失常的人並未喪失表達自己的需要，並被他人所明白的能力。

在**共通感**中，我們必須包括一種**所有人共有的**（*common to all*）的理念，也就是一種判斷力，它在反省時，會（**先驗地**）考慮所有其他人在思想的表象模式，**可以說**，是為了以將自己的判斷與人類的集體理性作比較……這是透過將我們的判斷與他人可能的、而非實際的判斷進行比較，並透過從偶然附加到我們自己的判斷的限制中抽取出來而成的……現在，這種反省的運作似乎過於人為，無法歸因於稱為**共有的**感官（*common* sense）能力，但只有在用抽象公式表達時才顯得如此。如果我們尋求一種可以作為普遍規則的判斷，那麼沒有什麼比從魅力或情緒中抽取出來更自然的了。196

在這之後，遵循這**共通感**的格準：為自己思考（啟蒙的格言）；設身處地為他人設想（擴大心智的格準）；以及一致性的格準：與自己一致（“mit sich selbst Einstimmung

---

196 *Critique of Judgment*, § 40.

denken"）。[197]

這些都不是認知的問題；真理強迫人們不需要任何「格準」。格準只適用於意見與判斷的事情。正如在道德一事上，一個人的行為格準證明了他的意志品質，判斷力的格言也證明了一個人在由社群感所支配的世俗事情上的「思想轉向」（turn of thought，*Denkungsart*）：

無論一個人的天賦所能達到的領域或程度有多小，但如果他不理會自己判斷的主觀私人條件（許多其他人都被這些條件所限制），而是從**一般的立場**（他只能從他人的立場來判斷）來反思，那就表示他是一個**思想開闊**的人（a man of *enlarged thought*）。[198]

---

197 Ibid. See also Kant's *Logic*, trans. R. Hartman and W . Schwarz, p. 63 (see n. 20, above).【譯按】即本書注33。

198 *Critique of Judgment*, § 40。{拜納按：關於康德術語「*allgemein*」的翻譯：應該指出的是，鄂蘭總是用「general」來代替標準翻譯中的「universal」。鄂蘭的文章〈文化危機〉（The Crisis in Culture）（《過去與未來之間》（*Between Past and Future*），enl. ed. {New York：Viking Press, 1968}，p. 221）提出了這一變化的一個重要原因，她在文中說「判斷力被賦予了一定的特定有效性，但絕非**普遍**有效的。它對有效性的主張永遠不會超出判斷者將自己放在考慮範圍內的其他因素的範圍。康德說，判斷力『對每一個作判斷的人』都是有效的，但這句話的重點是『作判斷』（judging）；對於那些不作判斷的人，或那些不是公共領域成員（而在那裡判斷力對象才會出現），它是無效的」（我的斜體〔譯注：黑體〕）。因此，鄂蘭在這裡選擇的術語對於她對康德的閱讀非常重要。}

在這之後，我們會發現通常所說常識（common sense）[199]與**共通感**之間有明顯的區別。味覺就是這種「社群感」（community sense，*gemeinschaftlicher Sinn*），而感官在這裡的意思是「反省對心智的影響」。這種反省對我的影響猶如一種感覺，而且恰恰是一種味覺性，辨別性、選擇性的感覺。「我們甚至可以將品味定義為一種下判斷的能力，在沒有概念作中介之下，讓我們對於特定表象〔而非知覺〕的感受〔就像感覺一樣〕能夠一般地溝通。」[200]

因此，品味是一種判斷能力，這種判斷能力是種**先驗地**可溝通性的感受，這種感受跟一個給予的表象相連……如果我們可以假設，僅僅是一種感受的一般可溝通性，其本身就一定帶有我們對它的興趣……我們就應該可以解釋，為什麼在品味判斷中，這種感覺會被歸功於每一個人，可以說，作為一種義務。[201]

---

199 譯注：在此脈絡譯為「常識」比「共感」妥帖。
200 *Critique of Judgment*, § 40.
201 Ibid.

第十三講

現在，我們要對非常特殊的康德意義的共感討論作一總結，根據康德，共感是有別於**私人感官**的社群感，**共通感**。這種**共通感**是判斷力對每個人的訴求，而正是這種可能的訴求賦予了判斷力特殊的有效性。「它讓我愉悅或不悅」作為一種感受，看起來是如此的私密和不具溝通性，但實際上卻根植於這種社群感，因此一旦經過反省的轉化，它就會開放給溝通，而反思會將所有其他人和其感受都納入考量。這些判斷的有效性從來不具備認知性或科學性命題的有效性，正確來說，這些命題並不是判斷。（如果一個人說：「天空是藍色的」或「二加二等於四」，那麼這個人就不是在「判斷」；這個人是在根據自己的感官或心靈的證據所強迫說出的事。）同樣地，一個人永遠無法強迫任何人同意他的判斷——「這是美麗的」或「這是錯的」（康德不相信道德判斷是反省與想像的產物，因此嚴格來說，它們不是判斷）；一個人只能「爭取」或「追求」其他人的同意。而在這種說服活動中，人們實際上是在訴諸「社群意識」。換句話說，當一個人作判斷時，他是以社群成員的身分來作判斷。

在「判斷的本質中，其正確的使用是如此必然且如此一般的必需品，以致於『健全的知性』

（sound understanding）這個名稱｛常識[202]的通常涵義｝，除了這個能力之外，別無他意」。[203]

《判斷力批判》，§ 41：
「論對於美的經驗興趣」

現在我們粗略地翻到《判斷的批判》第四十一節。我們看到「擴大心智」是正確判斷的必要條件；一個人的社群感使得擴大他的心智成為可能。從反面來看，這表示一個人能夠從私人的條件與環境中抽離出來，就判斷力而言，私人的條件與環境限制，抑制了判斷力的運用。私人條件會限制我們，而想像與反省則能讓我們從這些條件中**解放**（*liberate*）出來，並達到相對的公正性，這就是判斷力特有的美德。一個人的品味越不特立獨行，它就越能被傳達；再次，可溝通性是一個試金石。在康德那裡，公正性被稱為「非關利害性」，也就是

202 譯注：在此脈絡譯為「常識」比「共感」妥帖。
203 Ibid., Preface.

對美的非關利害的喜悅。實際上，非關利害性隱含在美與醜兩個詞語裡面，就像它沒有隱含在對與錯這兩字裡一樣。因此，如果第四十一節提到「對美的興趣」，它實際上是在說對中非關利害性的「興趣」。這裡的興趣指的是有用性（usefulness）。如果你看看大自然，有許多自然物你會有直接的興趣，因為它們對生命過程是有用的。在康德看來，問題在於大自然的超豐富性；有許多東西，除了它們的美麗形狀之外，似乎什麼用處都沒有——例如水晶。因為我們可以稱某樣東西為美，所以我們「**對它的存在感到愉悅**」（*pleasure in its existence*），而這就是「所有興趣之所在」。（康德在他的《筆記》〔Notebooks〕中的一則反思中提到，美教會我們「沒有私利的愛」〔love without self-interest〕〔*ohne Eigennutz*〕）。而這種興趣的奇怪特性在於它「只在社會中產生興趣」：

> 如果我們承認對社會的衝動是人類的天性，而他對社會的適應性與傾向，也就是「社會性」，是人類作為一個注定要進入社會的存在者的必要條件，並因此也是屬於**為人與慈悲**（*being human and humaneness*）〔*Humanität*〕的一種屬性，我們就不能逃避把品味視為一種判斷一切事物的能力，在這方面我們可以把我們的**感受**傳達給所有其他人，因此也是一種促

進每個人的天性傾向所渴望之事的手段。[204]

康德在《人類史之臆測的開端》（Conjectural Beginning of Human History）一書中指出：「人類的最高目的是社會性」[205]，這聽起來好像社會性是文明進程中要追求的目標。相反地，我們在此發現，交際能力是人的人性本源，而非目的；也就是說，我們發現交際能力是人類的本質，因為他們只屬於這個世界。這與所有那些強調人類相互依存的理論大相逕庭，這些理論強調人類的**需要**（*needs*）和**需求**（*wants*）是依賴於我們的同胞。康德強調，我們至少有一種**心智能力**（*mental faculties*），也就是判斷力，是以他人的在場為前提的。而這種心智能力不只是我們在術語上所稱的判斷力；與判斷力緊密相關的概念是「感受與情緒｛*Empfindungen*｝只有在可以普遍傳達的範圍內才被視為有價值」；也就是說，與判斷力緊密相關的是我們的整個靈魂戴體。溝通性顯然取決於擴大心智；只有當一個人能夠站在對方的立場思考時，他才能溝通；否則，他永遠不會與對方相遇，也永遠不會以對方能理解的方

---

204 Ibid., § 41.

205 *On History*, ed. Beck, p. 54 ("Conjectural Beginning of Human History").【譯按】在此取李明輝的譯名。參見《康德歷史哲學論文集》，臺北：聯經，2002。

式說話。透過溝通一個人的感受、一個人的愉悅和非關利害的喜悅，一個人會說出自己的**選擇**，一個人會選擇自己的同伴：「我寧願與柏拉圖一起錯，也不願跟畢達哥拉斯的人為伍。」[206] 最後，溝通對象的範圍越大，溝通對象的價值也就越大：

> 儘管每個人在這樣一個物體中所擁有的愉悅是微不足道的（也就是說，只要他不分享它），而且本身也沒有任何顯著的興趣，然而其一般的可溝通性的理念卻在幾乎無限的程度上增加了它的價值。[207]

在這一點上，《判斷力批判》毫不費力地加入了康德對於一個團結的人類、生活在永恆和平中的熟思。康德對廢除戰爭的興趣，使他成為一種奇特的和平主義者，其理論並不在於消除衝突，甚至不在於消除戰爭的殘忍、流血及暴行。正如他有時甚至不情願地得出的結論（不情願地，因為人類可能會變得像綿羊一樣；犧牲生命有其崇高之處；等等），這是最大

206 Cicero, *Tusculan Disputations* 1. 39-40.
207 *Critique of Judgment*, § 41.

可能地擴大了擴大心智的必要條件：

〔如果〕每個人都期望並要求其他人提供這種參考，這種參考是〔關於愉悅、非關利害的喜悅，那麼我們就達到了一個地步，就好像那裡存在著〕一個由人類自身所決定的原始契約。[208]

根據康德，這契約只是一種理念，它不僅調配了我們對這些問題的反省，而且實際上刺激了我們的行動。正是由於這個存在於每個人身上的人類理念，人類才是人類，而且只要這個理念不僅成為他們判斷的原則，也成為具行動的原則，他們就可以被稱為文明人或人道主義者。在這一點上，行動者和觀察者志同道合；行動者和觀察者據以判斷世界景象的格準合而為一，即「標準」（standard）。可以說，對於行動的定言律令（categorical imperative）可以讀作如下：永遠根據格準行事，使這個原始契約得以實現成為一般的法律。正是從這個觀點出發，而不僅僅是對和平的熱愛，《永久和平》這篇論文才得以寫成，而在第一章的「臨

208 Ibid.

時條款」（Preliminary Articles）和第二章的「確定條款」（Definitive Articles）都作出了詳細地說明。在前者中，最重要也是最原始的是第六條：

> 在戰爭期間，任何國家都不得允許有會使在之後的和平期間，令相互信任變得不可能的敵對行為。[209]

在後者中，第三項實際上是直接從社交性和可溝通性衍生出來的：

> 世界公民權利應限於普遍好客的條件。[210]

---

209 *On History*, ed. Beck, p. 89 (*Perpetual Peace*).

210 Ibid., p. 102.【譯按】鄂蘭引用的內文的用詞是law of world citizenship（世界公民之法則），跟原文Das Weltbürgerrecht（世界公民權）不符，一般英譯也用上cosmopolitan right來翻譯，故譯「權」而非「法」。而Hospitalität一詞，在並未引用的下文裡，康德亦有所發揮，以括號方式加入了Wirtbarkeit一詞，似是用來解釋，或視為Hospitalität的同義詞；李明輝將Hospitalität譯為「友善」，而Wirtbarkeit譯為「好客」（見《康德歷史哲學論文集》），而英譯者David L. Colclasure則譯為hospitality和a host's conduct to his guest（*Toward Perpetual Peace and Other Writings on Politics, Peace, and History*, New Haven and London: Yale University Press, 2006, p. 82），意義剛好相反。若要翻譯該文，譯者會取一般譯法，

如果這樣的人類原始契約存在，那麼「暫時居留的權利、結社的權利」就是不可剝奪的人權之一。眾人（Men）

擁有這項權利，是因為他們共同擁有地球，而地球作為一個球體，他們無法無限分散，因此最終必須容忍彼此的存在……〔因為〕對地球的共同權利一般地是屬於人類的……〔這一切都可以從一個事實中得到反證〕，就是在一個地方的權利受到侵犯，全世界都會感受到，〔康德由此得出結論，〕世界公民權的觀念並不是高高在上或誇大其詞的理念。[211]

回到我們之前所說的：一個人總是作為社群的一員，由他的社群意識、他的**共通感**所引導下作出判斷。但歸根究柢，某人之所以是世界社群的一員，純粹因為他是人類；這就是他的「世界性的實存」。當一個人在政治問題上作出判斷和採取行動時，他應該從作為一個世界公民，因此也是一個世界觀察者（*Weltbetrachter*，a world spectator）的理念（而非實際情

Hospitalität譯為「好客」，Wirbarkeit譯為「款待」。詳細分別可參考Aravind Ganesh文章Wirbarkeit: Cosmopolitan Right and Innkeeping, in Legal Theory, vol. 24, issue 3, September 2018, pp. 159-190.

211 Ibid., pp. 103, 105.

況）出發。

最後，我將嘗試釐清一些困難。判斷的主要難題在於它是「思考特殊者的能力」（the faculty of thinking the particular）；[212]但**思考**意味著一般化，因此它是一種神秘地將特殊者與普遍者結合起來的能力。如果普遍者是被賦予的——作為一個規則、一個原則、一個法則——那麼判斷只需將特殊者歸入其下，這相對來說是容易的。如果「只給出必須找到普遍者的特殊者」[213]，困難就會增加。因為標準不能從經驗中借用，也不能從外部衍生。我不能以一個特殊者來判斷另一個特殊者；為決定它的價值，我需要一個**居中者**（*tertium quid*）或一個**比較中項**（*tertium comparationis*）[214]，即與兩個特殊者相關、但又不同於兩個特殊者的東西。在康德身上，我們發現對於這個難題，有兩種迥然不同的解決方法：

作為真正的**比較中項**，在康德身上出現了兩種觀念，我們必須在這兩種觀念上反省，才

212 *Critique of Judgment*, Introduction, section IV.

213 Ibid.

214 譯注：拉丁語tertium解作第三者。Tertium quid在現代英語中已引申作一種不知名或不確定之物，在某程度上跟另外兩種已知、確定之物既相同又不同；而tertium comparationis則常見於比較語言學、文學、法學等學科，可解作「比較基礎」、「第三對比項」、「比較中項」等。在此脈絡下，鄂蘭強調某第三方居中連繫兩個異質者的功用——這也是無論在《純粹理性批判》、《判斷力批判》等場合，判斷力的作用與角色——因此譯為「居中者」和「比較中項」。

能得出判斷。第一個觀念出現在政治著作中，偶爾也出現在《判斷力批判》中，那就是人類作為一個整體的原始契約的觀念，由此衍生出人性的觀念，也就是人類的人性實際上是由什麼構成的，人類在這個世界上生生死死，在這個地球上，世世代代共同居住，共同分享家園。在《判斷力批判》中，我們也可以找到目的性的理念（the idea of purposiveness）。康德說，每一個對象作為一個特殊者都有一個目的，需要並包含其現實性的基礎在其中。唯一看起來沒有目的的對象，一方面是美學客體，另一方面是人。你不能問 *quem ad finem*?——為了什麼目的？——因為他們不為什麼。但我們看到，無目的的藝術品，以及看似無目的的各種自然物，都有取悅人的「目的」，讓人在世界上有賓至如歸的感覺。這點永遠無法證實；但目的性是一種觀念，藉以調配人在反省性判斷（reflective judgments）[215]時的反省。

但康德的第二個解決方案，也是我認為更有價值的解決方案，就是**範例**有效性（*exemplary* validity）。（「例子是判斷的學步車。」）[216]讓我們看看這是什麼。每一個特定的

---

215 譯注：反省性判斷力是《判斷力批判》一書專門討論的一種判斷力。有別於《純粹理性批判》和《實踐理性批判》中的判斷力（後來康德稱之為「決定性判斷力」），反省性判斷力的作用不是為了決定對象，而是配調（regulate）吾人心靈中已呈現的種種表象。

216 *Critique of Pure Reason*, B173.【譯注】譯 go-cart 為「學步車」的理由，參見註246。

對象——例如一張桌子——都有一個對應的概念，我們藉由這個概念來認知這張桌子是一張桌子。這可以被想像成一個「柏拉圖式」的理念或康德式的圖式（Kantian schema）；也就是說，在我們的眼前有一個圖式或只是**形式上的桌子**形狀（*formal table* shape），每張桌子都必須符合這個圖式或形式上的桌子形狀。或者反過來說，從生活中見過的許多桌子開始，剝去它們所有的次要特質，剩下來的就是一個一般的桌子（a table-in-general），包含了所有桌子共有的最低限度的屬性：**抽象的桌子**（the *abstract table*）。還剩下一種可能性，而這種可能性會進入非認知的判斷：一個人可能會遇到或想到某張他認為是最好的桌子，並將這張桌子視為桌子實際上應該如何的範例：**範例性的桌子**（*exemplary table*）（「範例」來自*eximere*，「挑選出某些特定的東西」）。這個範例是，並且仍然是一個特殊者，在其特殊性中揭示了一般性，否則就無法被定義。勇氣**就像**是阿基里斯（Achilles）。諸如此類。

我們談論行動者的片面性，他們因為身涉其中而從來都無法看到整體的意義。所有故事盡皆如此；黑格爾說得完全正確，哲學就像密涅瓦的貓頭鷹（the owl of Minerva），只有在白天將盡、薄暮時分才會展翅飛翔。但是，對於美，或其他任何在其自身的事情而言，情況卻並非如此。用康德的術語來說，美就是目的本身，因為它所有可能的意義都包含在它本身之中，不涉他者——可以說，與其他美的事物無涉。康德本身就有這個矛盾：無限進步

（Infinite Progress）是人類的法則；與此同時，人的尊嚴要求根據一個人的特殊性來看待他（我們每一個人），並進而被視為反映一般的人類狀態——但並未作任何比較，也獨立於時間。換言之，進步理念本身——如果進步不僅僅是某種形勢改變與世界改善——就與康德對於人類尊嚴的觀念相矛盾。相信進步就是違背了人的尊嚴。更甚者，進步意味著故事永無終結。故事本身的終結落於無限的過程。要我們如同歷史學家一樣佇足並回顧過去，是沒有道理的。

想像力[217]

論康德《判斷力批判》研討會，於社會研究新學院講授，一九七〇年秋

〔拜納按：在這些研討會筆記中，漢娜・鄂蘭透過轉向康德在《純粹理性批判》第一版的圖式程序（the Schematism）的論述中對超驗想像力（Transcendental Imagination）的分

217 譯注：Imagination 一詞在康德哲學裡有極為豐富的意義。德文原詞一般是指Einbildungskraft，直譯為想像力問題不大，因為Kraft一詞之意正如英語power一詞，具有能力之意，跟Vermögen及英語faculty類同（但在少數場合有微細差異，暫不詳述）。在較少情況下，康德使用Einbildung，英語譯者Pluhar把二者皆譯為Imagination，同時包含了想像和想像力兩個意義，讀者若對康德的用語不熟悉，可能覺得難以掌握其一語雙關之意。今譯者依對康德哲學的理解，推測鄂蘭在不同脈絡裡到底是指一種能力，還是想兩者兼得，再按情況譯為「想像力」或「想像」。另外，有學者（如李明輝、黃冠閔）會以「構想力」翻譯Einbildungskraft，日本學者三木清（Kiyoshi Miki）亦曾撰《構想力の論理》一書，專門討論康德之Einbildungskraft，可見此譯法並非空穴來風。他們選取「構想」一詞，應是看重bilden此一動詞作為形構、構作的含義。但本文不採此譯法，是考慮到「想像力」一詞對一般讀者而言較易理解，同時，鄂蘭受海德格的影響，發揮了想像力與構成「圖像」（Bild）之間的關係。構想力一詞強調了「能力」的面向，但又弱化了「圖像」的意思，跟下文脈絡有點格格不入，終取「想像力」為定案。

析，詳細闡述了《康德講座》（the Kant Lectures）第七六至七七頁[218]中介紹的範例有效性的概念。範例有效性至關重要，因為它為以**特殊者**（故事、歷史例子）而非**普遍者**（歷史過程的概念；歷史一般規律）為中心的政治學概念提供了基礎。鄂蘭引用康德，其大意是圖式對於認知的作用，例子對於判斷的作用（《判斷力批判》第五十九節）。如果沒有第一《批判》中關於圖式程序的此一重要背景，我們就無法充分理解想像力在表象（representation）和判斷力中的作用。如果認為這些關於想像力的篇幅涉及**不同的**主題，僅與判斷相關，那就是弄巧成拙。相反，如果我們希望重建鄂蘭判斷理論（Arendt's theory of judging）的完整輪廓，這份研討會材料及其對範例有效性的延伸闡述，將其與圖式程序中想像力的功能聯繫起來，就為這個難題提供了不可或缺少的一塊。}

一、康德說，想像力是使缺席的東西呈現出來的能力，即再—現（re-presentation）[219]的

218 譯注：即指本書英文版原文中的頁數。內容可見於第十三講最後兩頁。

219 譯注：Representation 來自德語 Vorstellung 一詞，在康德哲學脈絡裡有多重意義，最廣義言，一切能在心靈上呈現的對象皆可稱為 Vorstellung，一般譯作「表象」。但要留意，而鄂蘭在這個講座中，把 representation 拆成 re-presentation，以強調把不在場的對象在心靈中「再現」此一功能，因此下文會因應情況選擇譯詞。

能力：「想像力是一種把本身不在場的對象的在**直觀**（*intuition*）裡呈現的表象能力（faculty of representing）。」[220]或是：「想像力（*facultas imaginandi*）是一種在對象缺席情況下的**知覺**能力（faculty of *perception*）。」[221]如果我重現的是那缺席的對象，我的心靈裡就會有一個**圖像**（*image*）——一個我所看到的、現在以某種方式再現的東西的圖像。（在《判斷力批判》中，康德有時稱這種能力為「再生性」〔reproductive〕——我再現所看到的——以區別於「生產性」〔productive〕能力——產生它從未見過的東西的藝術能力。但生產性想像力〔天才〕從來不完全是生產性的。例如，它從既定的事物中生產出半人馬：馬和人。）

這聽起來好像我們在處理記憶。但對康德來說，想像力是記憶的條件，也是一種更全面的能力。康德在他的《人類學》中將記憶「使現在變成『過去』的能力」，和使現在成為**未來**的「占卜能力」（faculty of divination）放在一起。兩者都是「聯想」（association）的能力，即將「不再」（no longer）和「尚未」（not yet）與現在連結；而「雖然它們本身不是知

220 Kant, *Critique of Pure Reason*, B151 (italics added), trans. N. K. Smith (New York: St. Martin's Press, 1963).
221 Kant, *Anthropology* from a Pragmatic Point of View, § 28 (italics added), trans. Mary J. Gregor (The Hague: Nijhoff, 1974).

覺，但它們有助於在時間上連接知覺」。[222]想像力不需要由這種時間性的關聯來引導；它可以隨意使任何它選擇的東西呈現。

康德所稱的想像力，即把感官知覺中所缺席的東西呈現給心靈，與其說與記憶有關，不如說與另一種能力有關，這種能力自哲學誕生以來就已為人所知。巴曼尼得斯（斷簡四）稱之為**努斯**（*nous*）（即「透過它，你可以堅定地看待存在的事物，儘管它們缺席」的能力）[223]，而他的意思是，存在（Being）永不呈現，不會將自己呈現給感官。對事物的知覺中不呈現的東西就是**它所是**（the *it-is*）；雖然在感官缺席，**它所是**卻對心靈呈現。亦或，阿那克薩哥拉（Anaxagoras）：「對不可見事物的一瞥就是現相。」（*Opsis tōn adēlōn ta phainomena*）[224]換句話說：透過觀察現相（對康德而言，就是在直覺有所給予），一個人會

---

222 Ibid., § 34.

223 參見 Kathleen Freeman, *Ancilla to the Pre-Socratic Philosophers* (Oxford: Basil Blackwell, 1971), p. 42. 【譯按】努斯為音譯，一般意譯可譯為智性、理智等等，取音譯是為標示出其該概念獨特地位。這詞在西方哲學史中發展成「本體」（Noumenon）概念，與「現象」（Phenomenon）組成一概念對（a conceptual pair），是康德哲學其中一個極為重要的概念。

224 Hermann Diels and Walther Kranz, *Die Fragmente der Vorsokratiker*, 5th ed. (Berlin), B21a. See Freeman, *Ancilla to the Pre-Socratic Philosophers*, p. 86.

意會到、瞥見到某些東西並沒有出現。這些東西就是存在本身。因此，形上學即一門研究物理現實之外的事物的學科，仍然以一種神秘的方式，作為在諸現相中的非現相者（the nonapperance in the apperances）而被賦予心靈，成為本體論、存在的科學。

二、想像力對我們認知能力的作用也許是康德在《純粹理性批判》中所做的最偉大的發現。為了我們的目的，最好是翻到「純粹知性概念的圖式程序」（Schematism of the Pure Concepts of Understanding）。[225]預期：同樣的能力——想像力——為認知提供圖式，也為判斷力提供**例子**。

你會想起，在康德那裡經驗和知識有兩個根源：直觀（感性）和概念（知性）。直觀總是**給**我們一些特殊者；概念則讓這些特殊者為我們所**知**。如果我說：「這張桌子」，就好像通過直觀說「這」，而知性則加上：「桌子。」「這」僅與該特定項目相關連；以「桌子」這一概念標示它，並使這個對象變得可溝通。

225 *Critique of Pure Reason*, B176 ff.

這就產生了兩個問題。首先，這兩種能力是如何結合的？可以肯定的是，知性的概念[226]使心靈能夠整理多種感性雜多（the manifold of the sensations）。但它們的綜合（synthesis）、協同作用從何而來？其次，「桌子」這個概念到底是一個概念嗎？或許，這不也是一種圖像？那麼某種想像力同樣在智性裡呈現嗎？答案是：「雜多的綜合……首先產生知識……〔它〕聚集知識的要素，並將它們結合成一定的內容」；這種綜合「僅僅是想像力的結果，是一種靈魂盲目但不可或缺的功能，沒有它，我們就沒有**任何**知識，但我們幾乎從未意識到它」。[227]而想像力產生綜合的方式是「提供**圖像予概念**」。[228]該圖像被稱為「圖式」（schema）。

這兩個極端，也就是感性和理解力，必須藉由……想像力來彼此連結，不然的話，前者

---

226 譯注：「知性的概念」在《純粹理性批判》的脈絡下是指「範疇」（categories），是吾人知性整理感性給予（sensible givenness）的主動能力。

227 Ibid., B103 (italics added).

228 Ibid., B180 (italics added).

雖然確實產生了現相，但不會提供經驗知識的對象，因此也就沒有經驗能產生。[229]

於此，康德以想像力來提供這兩種能力之間的連結，並且在《純粹理性批判》第一版中，他將想像力稱為「一般的｛*überhaupt*｝綜合能力」。在其他地方，當他直接談到我們的知性所涉及的「圖式程序」時，他稱之為「隱藏在人類靈魂深處的藝術」[230]（即我們對**從未**呈現的東西有一種「直觀」），並且通過這一點，他認為想像力實際上是其他認知能力的共同根源（common root），也就是說，它是感性和知性的「共同、但對我們來說未知的根源」[231]，他在《純粹理性批判》的導論中曾談及這一點，而在其最後一章中，他沒有指名道姓地再次提到了這種能力。[232]

三、**圖式**：問題的關鍵在於，沒有「圖式」，人們永遠無法辨識任何東西。當一個人

229 Ibid., A124.
230 Ibid., B180.
231 Ibid., B29.
232 Ibid., B863.

說：「這張桌子」時，桌子的一般「圖像」就出現在一個人的心靈中，並且人們辨識到「這」是一張桌子，儘管它本身就是一個個別的、特定的東西，但它與許多其他類似的東西具有相同的特質。如果我認出一棟房子，這個感知到的房子還包括其一般的外觀。這就是柏拉圖所說的**形式**（*eidos*）[233]——房子的一般形式——自然感官永不會被給予房子的一般形式，而只有心靈的眼睛會被給予。嚴格來說，因為「心靈的眼睛」甚至不會被給予房子的一般形式，所以它是**彷如**「圖像」，或者更好地說，是「圖式」。每當一個人繪製或建造一棟房子時，他所繪製或建造的只是一棟特定的房子，而不是房子本身。儘管如此，如果一個人的腦海中沒有這個圖式或**形式**，就無法做到這一點。或者，正如康德所說：「沒有任何圖像能夠滿足一般三角形的概念。它永遠不會獲得使該概念適用於所有三角形的普遍性，無論是直角、鈍角還是銳角；……三角形的圖式只能存在於思想中。」[234]然而，雖然它只存在於思想中，但它是一種「圖像」；它不是思想的產物，也不是在感性中被給予；最重要的是，它

---

233 譯注：在柏拉圖哲學中，εἶδος 或 ἰδέα（拉丁化為eidos和idea）一般一拼譯作「理形」或「理念」，流通英譯則是idea或form。朱光潛曾譯之為「理式」，嘗試包含柏拉圖重視「理性」與及「形式」兩義，也無不可，但未嘗流行。Eidos和idea兩字皆源自動詞idein，其義為「看」，是以鄂蘭解釋為心靈能看到的形式，譯者亦因而取「形式」而非通行的「理形」。

234 Ibid., B180.

是來自感性所給予資料的一種抽象產物。它是某種超越或介乎於思想和感性之間的東西；就其表面上不可見而言，它屬於思想，而就其**彷如**圖像的東西而言，它屬於感性。因此，康德有時稱想像力為「所有經驗的……原始來源之一」，並說它本身不能「源自任何其他心靈能力」。[235]

再舉一個例子：「『狗』這個概念表示著一種規則，據此我的想像力可以以一般的方式描繪出一種四足動物的形態（但是，一旦在紙上描繪出這個形態，它又是一種特定的動物了！），不限於任何單一的確定的形態，例如經驗，或我可以**具體呈現**（*in concreto*）的任何可能的圖像。」[236]這是「隱藏在人類靈魂深處的藝術，其真正的活動方式，大自然幾乎不可能讓我們發現，並開放予我們的目光」。[237]康德說，圖像——例如喬治華盛頓大橋——是「再生性想像的經驗能力」（the empirical faculty of reproductive imagination）的產物；圖式（橋樑）……是純粹**先驗**想像力的……一種產物……透過它，圖像它們自己始變得可

---

235 Ibid., A94.

236 Ibid., B180.

237 Ibid., B180-81.

能」。[238]換句話說：如果我沒有「圖式化」（schematizing）的能力，我就不可能有圖像。

四、對我們來說，以下幾點是決定性的。

1. 在對該特定桌子的知覺中，包含了「桌子」本身。因此，沒有想像力就不可能有知覺。康德評論說：「迄今為止，心理學家還沒有認識到想像力是知覺本身一種必要的成分。」[239]

2.「桌子」圖式對於所有特定的桌子都是有效的。沒有它，我們就會被各式各樣對象的雜多包圍，我們只能說「這」、「這」和「這」。不僅沒有知識是可能的，而且溝通——「給我一張桌子」（無論是哪一張）——也是不可能的。

3. 因此：如果沒有能力說「桌子」，我們就永遠無法交流。我們可以形容喬治華盛頓大橋，因為我們都知道：「橋。」假設有人不知道「橋」，也沒有一座橋可供我指著並說出這個字時，那麼我會畫出一座橋的圖式圖像，這當然已經是一座特定的橋，只是為了提醒他一些他所知道的圖式，例如「從河的一側到另一側的過渡處」。

---

238 Ibid., B181.

239 Ibid., A120 (note).

換句話說：特殊者之所以**可溝通**，是因為（a）在感知某個特定事物時，我們的心靈深處（或在「我們的靈魂深處」）有一個「圖式」，其「形狀」（shape）是許多此類特殊者的特徵**以及**（b）這個圖式的形狀存在於許多不同的人的心靈之中。這些圖式的形狀是想像力的產物，儘管「無論如何都無法將任何圖式帶入任何圖像之中」。[240] 所有單一的同意或分歧都以我們正在談論同一件事為前提——那個我們，為數眾多、贊同、聚集一起，討論對我們所有人來說都是同一樣的事情。

4.《判斷力批判》涉及反省性判斷，區別於決定性判斷（determinant ones）。決定性判斷將特殊者納入到一般規則裡；相反，反省性判斷從特殊者中「推導出」（derive）規則。在這一圖式中，人們實際上「感知」了特殊者中的某種「普遍」。可以說，透過將桌子辨識為桌子，我們可以看到「桌子」圖式。在《純粹理性批判》中，康德透過區分「納入概念」（subsuming under a concept）和「帶來概念」（bringing to a concept）來暗示決定性判斷和反思性判斷之間的區別。[241]

5. 最後，我們的感性似乎需要想像力，不僅是為了幫助獲得知識，而且是為了認識到

240 Ibid., B181.
241 Ibid., B104.

雜多中的相同性。因此，它是所有知識的條件：「先於統覺（apperception）的想像力的綜合，是所有知識，尤其是經驗的可能性的基礎。」[242]因此，想像力「**先驗地**決定感性」，即它是所有感官知覺所固有的。沒有它，就不會有世界的客觀性——它可以被認識——也不會有任何溝通的可能性——我們可以談論它。

五、圖式對我們目的的重要性在於，透過想像產生圖式時，感性與理解結合。在《判斷力批判》中，智性是在「為想像力服務」。[243]

在《判斷力批判》中，我們找到了一個與「圖式」的類比：**例子**。[244]康德賦予例子在判斷中的角色，與被稱為圖式的直觀對於經驗和認知的一樣。例子在反省性判斷和決定性判斷中都發揮作用，也就是說，每當我們專注於特殊者時。在《純粹理性批判》中——在那裡我們讀到，「判斷力是一種特殊的才能，只能練習，無法傳授」，並且，「任何學校都無法彌補

---

242 Ibid., A118.

243 *Critique of Judgment*, General Remark to § 22, trans. J. H. Bernard (New York: Hafner, 1951).

244 Ibid., § 59.

其缺失」[245]——他們被稱為「學步車｛*Gängelband*｝的判斷」。[246]在《判斷力批判》中，即在處理反省性判斷時，人們不將特定的事物歸入概念之下時，例子對人們的幫助就像圖式幫助人們將桌子辨識別為桌子一樣。例子引導和指導我們，判斷因而獲得「範例有效性」。[247]

例子是本身包含或應該包含概念或一般規則的特殊者。舉例說，一個人如何判斷、評價一種行為是否勇敢？當作出判斷時，人們不脫離任何一般規則，會自然而然地說：「這個人很有勇氣。」如果某人是希臘人，他的「內心深處」就會有阿基里斯為例子。再次地，想像力是必要的：某人必須使阿基里斯呈現，即使他當然並不在場。如果我們說某人是好人，我們的腦海中就會浮現出聖方濟各（Saint Francis）或拿撒勒人耶穌（Jesus of Nazareth）為例子。只要選擇的例子正確，該判決就具有範例有效性。或者，再舉一個例子：在法國歷史脈絡下，我可以將拿破崙・波拿巴（Napoleon Bonaparte）視為一個特殊者；但當我談到波拿巴主義（Bonapartism）時，我就以他為例子。這個例子的有效性會僅限於那些擁有拿破崙特殊經歷的人，無論是作為他的同時代人，還是作為這一特定歷史傳統的繼承人。歷史學和

245 *Critique of Pure Reason*, B 172.
246 Ibid., B173.【譯按】《純粹理性批判》原文德文為*Gängelwagen*，出處應為B174，其意為嬰兒學步車或助行器。
247 *Critique of Judgment*, §22.

政治學中的大多數概念都具有這種限制本性。它們起源於某個特定的歷史事件，然後我們將其變成「範例」——在特殊者中看到，對多於一個案例有效的東西。

第 2 部分

詮釋性論文

PART TWO

Interpretive Essay

漢娜鄂蘭論判斷

羅納德・拜納

一、判斷：困局的解方

〈判斷〉本是要接續〈思考〉卷與〈意志〉卷，成為鄂蘭最後作品《心智生命》的第三部分，也是收尾的一卷。但是在為出版前兩卷而寫的後記中，遺作編輯麥卡錫告訴我們，鄂蘭在完成〈意志〉卷手稿之後不到一個星期就驟然離世：「在她過世後，我們在她的打字機裡發現了一張紙，上面只有標題『判斷』以及兩段引文。從週六寫完〈意志〉到週四過世的這段時間裡，她必定已坐下來，準備要面對這最後一哩路。」[1]我們可以斷言：沒有對判斷

1 Hannah Arendt, *The Life of the Mind*, ed. Mary McCarthy (New York: Harcourt Brace Jovanovich, 1978), vol. 1: Thinking, p. 218 (Editor's Postface by Mary McCarthy).

問題的考察，《心智生命》的內容就會缺少至關重要的一塊。首先，鄂蘭的朋友格雷（J. Glenn Gray）為我們提供了如下證言：「她將判斷視為自己佈下的一路奇兵，而且對於她在思考意志問題時似乎走入的困局，判斷不折不扣地就是那期盼已久的解方。正如康德的《判斷力批判》使其得以突破早先批判著作中的某些二律背反，她則希望透過仔細考察我們作判斷的能力，來解決思考與意志的困境。」[2]這遠遠不是要為業已完成的對兩種「心智能力」的考察，再增補一個尚未提供的第三項考察，更重要的是，如果沒能在判斷中達成業已被許諾的綜合，那麼前兩項考察本身也會始終殘缺不全。丹納尼（Michael Denneny）在一九六六年參加了鄂蘭有關思考、意志與判斷的預演性講座，他在評論這些講座時提供了類似的證言：「討論思考（以及良知與意識）的那幾講極富原創性，讓人興奮不已；而討論意志的那幾講則比較艱澀，讓人困惑叢生。於是事情變得越來越清楚了，問題的關鍵正在於判斷。」丹納尼進一步補充說這裡面存在一種奇特的反諷，因為「讓人訝異的是，對於這種判斷能力

---

2 J. Glenn Gray, "The Abyss of Freedom--and Hannah Arendt," in *Hannah Arendt: The Recovery of the Public World*, ed. Melvyn A. Hill (New York: St. Martin's Press, 1979), p. 225. 【譯按】格雷是美國哲學家，鄂蘭生前的好友，鄂蘭在寫作《心智生命》期間曾多次跟格雷討論相關內容。

的討論總是被一再延後，最終它只是在最後一講當中被總結性地處理了一下」。[3]

的確，沒有〈判斷〉的部分，我們就不得不將《心智生命》視為一個沒有結局的故事。當抵達〈意志〉卷的結尾時，我們像是進入了一種懸而未決的狀態。我們被告知，意志活動將我們驅入理論困局當中。如果說意志活動確有其意義的話，也不過意味著「純粹自發性的深淵」。但是既有的西方哲學傳統躲開了這一深淵，而且還試圖用老舊觀念來理解它，以求打發掉新生事物。只有在馬克思式的烏托邦主義中，自由真正的新穎之處才沒有遭到廢棄。鄂蘭稱此為一個令人沮喪的結論，並且表示她在整個政治思想史當中只找到一種嘗試性的替代方案：聖奧古斯丁的「新生性」（natality）概念，亦即根植於人類出生事實當中的人類開啟新事物的能力。然而在〈意志〉卷的最後一頁，我們讀到的是，即便是聖奧古斯丁的理論也「仍是晦暗不明的」：

> 它告訴我們的似乎不過是，我們拜出生所賜而**注定**自由，這無關乎我們喜歡自由還是厭

3 Michael Denneny, "The Privilege of Ourselves: Hannah Arendt on Judgment," in *Hannah Arendt: The Recovery of the Public World*, ed. Hill, p. 245. 【譯按】丹納尼是鄂蘭在芝加哥大學的學生與研究助理，值得一提的是，他後來還擔任過傅柯（Michel Foucault）的助理。丹納尼提到的講座就是本文第六節會提到的〈基本道德問題〉。

> 惡它的專斷，無關乎我們為它感到「愉悅」，還是寧願選擇某種宿命論來逃避它可畏的責任。若是果真如此，那麼除非訴諸另一種心智能力，否則此一困局就無從打開或解除；這種在神祕性上並不遜色於開端的能力，就是判斷的能力，而對於判斷的分析至少會告訴我們，在我們愉悅或不悅的感覺當中到底涉及了哪些因素。[4]

於是在探索推動鄂蘭寫作《心智生命》的根本問題的解方時，我們又抵達了判斷活動的門檻。在此情境下，似乎根據我們能夠獲取的演講筆記與譯稿材料，來嘗試重構她的判斷理論，這實際上已成為一項義務，唯其如此，我們才有辦法揣測她本已籌備妥當的逃脫方案，了解她要如何從現行已出版的《心智生命》末尾的困局中逃脫。

我們努力要重構的是，如果鄂蘭活到足以完成其遺作的最終篇章，那麼在判斷這部分當中會包含哪些內容；這一工作就算稱不上自以為是，也不免要冒極大的風險。畢竟，我們知道在她過世之時所完成的不過就是一頁紙，「上面空蕩蕩的，只有標題『判斷』與兩段引文」。而且這兩段引文雖說不乏有趣之處，卻很難說能夠為鄂蘭的關注所在提供明確引導。

---

4 *The Life of the Mind*, vol. 2: *Willing*, p. 217.

看起來這孤零零一頁紙的唯一效果，不過就是警告我們不要繼續前行。讓問題變得更複雜的是，鄂蘭在把康德當作探討判斷能力的引導者時告訴我們，她所處理的是一些**他**生前來不及恰當發展出來的想法。[5]因此我們現在所處的位置，正與鄂蘭自己面對康德時相同。於是這一任務就變得加倍困難了。雖是如此，仍有一些理由能夠說服我們相信，本書所呈現的康德講座能夠為鄂蘭所構想的著作，提供一份相對可靠的提示。一方面，講座中對判斷的考察，完全與業已出版的〈思考〉中討論判斷的段落一致。[6]事實上，後者當中的某些段落幾乎是一字未改地取自當時尚未出版的康德講座；這一現象無疑表明，鄂蘭對於她在這些講座當中表述過的判斷理解感到相當滿意。甚至更具有決定性意義的是，她在〈思考〉後記所提供的判斷理論綱要，也高度對應著康德講座實際開展的內容（我們後面會再討論這一問題）。因此我們假定康德政治哲學講座能夠為重構鄂蘭判斷理論提供合理基礎，這是有據可循的。

彷彿是嫌我們所承擔的任務還不夠冒險一般，我們還需要與另一項困難搏鬥。如果整體檢視鄂蘭的著作，我們就會發現她提出的判斷理論不止一種，而是兩種。在鄂蘭一九六〇年

5 Arendt, Lectures on Kant's Political Philosophy（之後引用稱Kant Lectures）, pp. 19, 30-31, above.（除非另有說明，否則所有出自Kant Lectures與*Thinking*後記的引文頁碼，均根據本書。）

6 *Thinking*, pp. 69-70, 76, 92-98, 111, 129-30, 140, 192-93, 207-9, 213-16.

代已出版著作當中，已散落著論及判斷能力的一些段落。然而從一九七〇年開始，我們可以覺察出一種微妙而重大的轉向。在一九七一年的文章〈思考與道德考量〉（Thinking and Moral Considerations）之前，[7] 她筆下的判斷是從**行動生活**（*vita activa*）的角度來考察的；而在這篇文章之後，她則開始從心智生活的角度來考察判斷。重點從政治行動者的再現性思考（representative thought）與擴大心智，轉移到了歷史學家與說故事者的觀察者位置（spectatorship）與回溯性判斷（retrospective judgment）。脫離行動領域並由此獲得非關利害式反思能力的盲詩人，如今成為了判斷活動的標誌形象。[8] 從第一序的知覺中撤離之後，藉由第二序反思這種心智活動運作，判斷的對象被再—現在想像力當中。盲詩人是在一段距離之外進行判斷，而這正構成了非關利害關係的條件。於是荷馬就為古代歷史學家預先鋪平了道路，以便他們能夠作出不偏不倚的判斷。正是荷馬以及希羅多德之流為愉悅性的反思活動提供了人類卓越行為的範例。[9]

---

7 *Social Research* 38 (1971): 417-46.【譯按】該文後來收入文集《責任與判斷》：*Responsibility and Judgment*, ed. by Jerome Kohn. New York: Schocken Books, 2003, pp. 159-189.

8 參見Kant Lectures, p. 68.

9 "Postscriptum to Thinking," p. 5, above; Kant Lectures, p. 56. 參見"The Concept of History," in Hannah Arendt, *Between Past*

按照我的詮釋，鄂蘭有關判斷主題的寫作需要分成了兩個多少有所區分的階段：早期的與晚期的，實踐的與沉思的。我也意識到將她的著作分為「早期」與「晚期」，會造成某些問題。期待在不同階段之間存在任何簡單乾脆的區分方式，這會是不太合理的想法，而挑出一個特定的日期來標示「早期」與「晚期」之間的清晰斷裂，也多少會顯得武斷；在這兩個「階段」之間發現重疊之處，無論是概念上的還是年代上的，都不應該讓我們感到訝異。然而這種區分的重點在於讓我們注意到如下事實：在〈真相與政治〉（Truth and Politics）有關「再現性思考」的討論中，尚未將判斷視為一種獨特心智活動（亦即作為心智生命三個環節之一）；在這裡，鄂蘭僅僅將判斷當作政治生活的一項特徵來考慮（事實上，她只有到了較晚的思想階段，才開始將判斷視為一種有別於思考與意志的自律性心智活動）。[10]在我稱之為「晚期」說法的著作中，她已不再這樣將判斷視為政治生活的特徵了。取而代之的判斷概

---

and Future: Eight Exercises in Political Thought, enl. ed. (New York: Viking Press, 1968), pp. 41-90, 尤其是pp. 51-52; 亦可參見，ibid., pp. 262-63(“Truth and Politics”). 所有引用都出自*Between Past and Future*的增修擴大版。【譯按】雖然拜納表示他援引的是《過去與未來之間》增修版（1968），但這不太能代表鄂蘭在趨近1970年左右就出現了某種思想轉變跡象，至少就其中的〈歷史的概念〉來說，該文的1961年版其實就已經提出了盲詩人相關的論述，這一點跟後來的1968年版並無差異。

10 參見本文的第八節，頁138-139。

念，則意味著心智生命整體當中的一個獨特環節。如果有人要挑戰鄂蘭提供了**兩種**不同的判斷概念這一結論的話（第一種關聯於實踐世界，第二種關聯於沉思世界），就必須解釋為什麼在她最後階段的書寫中，判斷活動完全被放置在心智生命的範圍之內，而不是賦予它一個更為模糊的地位。我自己能夠想到的唯一解釋就是，對她來說判斷已成為一種跟原先極為不同的關注對象，而原先判斷本關乎**行動生活**，亦即政治生活。她越是對判斷能力進行反思，就越是傾向於將它視為孤獨（即便富有公共精神）沉思者的特權，而非行動者（其活動必然不是孤獨的）的特權。一者是與他人一起進行的行為，另一者則是自己進行判斷（即便我們作判斷的方式，就是讓不在場者呈現在自己的想像當中）。根據鄂蘭的理解，在判斷活動當中，我們權衡的是一個被想像出來的他者所**可能**作出的判斷，而非真實對話者的實際判斷。

在早先的著述當中（例如〈自由與政治〉（Freedom and Politics）、〈文化危機〉（The Crisis in Culture）以及〈真相與政治〉），[11]鄂蘭就已經引入了判斷的觀念，旨在為她的政治行動概念提供進一步的根據，而這種概念所描述的則是在公共空間中協同行動的行動者的複

---

11 各自出版於：*Freedom and Serdom*, ed. A. Hunold (Dordrech: D. Reidel, 1961), pp. 191-217; *Between Past and Future*, pp. 197-226; ibid., pp. 227-64.【譯按】這裡提到的第一篇文章〈自由與政治〉，後來收錄於近年新編的鄂蘭文集，是現在比較容易取得的版本：Hannah Arendt, *Thinking Without a Banister: Essays in Understanding 1953-1975*, ed. by Jerome Kohn. New York: Schocken Books, 2018, pp. 220-244.

數性（plurality）。人類之所以能夠作為政治存在者而行動，是因為他們能夠進入潛在的他人立場；能夠透過判斷其共同之處，來與他人共享這個世界，而他們作為政治存在者所判斷的對象，則是照亮了現相空間（the space of appearances）的言詞與行動。至於我所說的後期說法，則始於康德講座，以及〈思考與道德考量〉與〈思考〉後記；在這些論著中，她開始從一個極為不同且極富野心的角度來處理判斷。判斷在這裡被描述為某種「困局」的「出口」或「解方」。透過考察〈意志〉卷的最後一章，我們將得以重構出這一困局的本質。這最後一章的標題是「自由的深淵與時代的新秩序」，而貫穿其中的主導線索，則是人類自由的問題，以及它與意志能力的關係。其言外之意不外乎，唯有去分析那種對應於「我們的愉悅或不悅」的能力，我們才有辦法找到一條道路來擁抱人類自由，並使之能夠為我們這些有生有死的存在者所悅納。

康德講座構成了一個有機整體。催生這幾講的眾多主題都可歸諸一貫的線索：何者為人類生活賦予意義或價值的問題；從愉悅與不悅的角度來評價生活；沉思之人對於人類事務世界的敵意；形上學的真理之不可達成與批判性思考之必要；對共感以及眾人的共同理解活動的捍衛；人的尊嚴；歷史反思的本性；進步（論）與個體自律性之間的張力；普遍者與特殊者之間的關係；最後則是人類判斷所帶來的救贖的可能性。儘管這份材料僅僅是講課筆記，這些主題卻被編織成一份高度原創性的沉思錄，旨在探討人的世間生存狀態究竟是否足以喚起對存在之所予的感恩之心，抑或是恰恰相反，這是否只會引發無從緩解的憂鬱。

根據麥卡錫的說法，鄂蘭預計判斷部分會比〈思考〉與〈意志〉短很多，而且將會是最容易處理的，但是「我們能夠猜想到判斷或許也會出乎她的意料之外」，並將她引向始料未及的方向。[12]情況很有可能會是這樣。儘管如此，我們仍可以透過鄂蘭在〈思考與道德考量〉（一九七一年）、《心智生命》第一卷以及出版於本書的演講筆記中的相關討論，觀察到她在判斷問題上具有整體性與一貫性。此外，若將這些著述放在一起考量，則會呈現出一種與她在〈思考與道德考量〉之前的論述明顯有別的判斷詮釋。為了準確定位串連起鄂蘭後期理論的線索，並將之與早先的說法相區分，我們有必要追溯她思考判斷本性的歷程。接下來，讓我們回溯判斷觀念在鄂蘭作品中的發展步驟，以便觀察原本只是對於一種有趣但長期被人們忽視的政治人能力的關注，如何演變為遠遠更野心勃勃的構想：它承諾了對世間事務的認同以及人類自由的拯救。

12 Mary McCarthy, Editor's Postface to *Thinking*, p. 219.

二、理解與歷史判斷

鄂蘭最終揉合到對判斷的反思之中的那些主題與關懷，最初出現在〈理解與政治〉（“Understanding and Politics”）一文當中，該文刊登於一九五三年《黨派評論》（*Partisan Review*）。[13] 理解「是一種永無止境的活動⋯我們藉此與現實達成協議，並讓自身與之和解，亦即努力在這個世界裡安居自在（at home）」（頁377）。然而，在極權主義的世紀，和解這種活動完全變得困難重重，也就是說，在這個世紀我們震驚於一系列似乎無法與之和解的事件：「就極權政府的崛起作為我們世界的核心事件而言，去理解極權主義並不是要去容忍任何事情，而是要讓我們自身與這個讓這些事情有可能發生的世界和解。」（同前注）

「理解的結果是意義，這種意義源自於我們的生存過程本身，只要我們仍試圖與我們所

---

13 Arendt, “Understanding and Politics,” Partisan Review 20 (1953): 377-92. 其後引用頁碼根據此文。【譯按】該文現今收於：Arendt, *Essays in Understanding 1930-1954: Formation, Exile, and Totalitarianism*, ed. by Jerome Kohn. New York: Schocken Books, 1994, pp. 307-327. 麥卡錫曾在《心智生命》的編後記中抱怨道，鄂蘭不採用通用的“understanding”來對譯康德的「知性」（Verstand）概念，而是使用“intellect”一詞。或許我們應該說，這是因為鄂蘭已經在該文中賦予“understanding”一種更為動態的意涵，故譯作「理解」為宜。

作為的、所遭受的互相和解」（頁378）。但是，面對極權那史無前例的恐怖，我們忽然發現「我們已經失去了理解的工具。我們已無能創生意義，而我們對意義的追求也因此既被鼓動亦遭挫敗」（頁383）。理解這種活動既無可避免也無從終結。但是我們發現自己面對的似乎是個難以克服的問題，亦即有責任要去反省極權歷史事實的思想家與政治分析家們所面對的，乃是一種看起來**拒絕**被理解掌握（comprehension）的現象。極權史無前例的邪惡，「已徹底粉碎了我們的政治思考範疇與道德判斷標準」（頁379）。理解所承擔的任務是我們從未在歷史判斷中遭遇過的。

理解的危機等同於判斷的危機，因為理解「與判斷如此緊密關聯，以致於人們必須把兩者都描述為歸納收攝特殊者於普遍規則之下的活動」（頁383）。麻煩在於，我們已不再擁有這種歸納收攝所要求的可靠、普遍規則；過往所傳承給我們的智慧已然失效，「只要我們試圖誠實地將之適用於自身時代的核心政治經驗」（頁379）。甚至連「正常的」常識判斷都已不敷使用：「我們生活在一個顛倒錯亂的世界，我們在其中無法藉由遵從曾為常識的規則來找到道路。」（頁383）根據鄂蘭的說法，在二十世紀，無意義的瘋狂增長同時伴隨著共感／常識（common sense）的萎縮，而共感正是我們平時賴以處世的能力。

然而西方世界的這種道德、智識危機並非源自極權主義；它在西方傳統中有著更深的根源。二十世紀的惡魔政治不過是將潛伏的危機暴露出來，讓所有人看到而已。於是極權主義興起讓人驚恐之處就在於，「它使我們的思考範疇與判斷標準已然崩毀一事，**昭然於世**」（頁388）。鄂蘭指出，早在十八世紀孟德斯鳩就很清楚地意識到，「阻止西方文化走向一場規模龐大的道德與精神崩壞」的唯有風俗與習俗（頁384）。如果一種政治體「全賴風俗與傳統來維繫」，那麼歐洲文明在面對工業革命造成的全盤轉變時顯得不堪一擊，就無須訝異了：「巨大的改變發生在根基不再穩固的政治框架之內，從而壓垮了社會，這個社會固然仍有辦法進行理解、評斷，但一旦遭到嚴重挑戰，就不再能夠為理解的範疇與判斷的標準提供合理解釋。」（頁385）到了十九世紀，「我們的偉大傳統」正在耗盡能夠回應「我們時代的『道德』與政治問題的答案……這種答案賴以產生的資源本身已然乾涸。理解與判斷賴以出現的框架本身則已消失」（頁385-386）。

在歷史學家看來，故事已告終結；但從行動者的角度來說，我們除了創造新的開端外別無選擇。鄂蘭在此援引了由聖奧古斯丁發現的開創新局（begining）原則：「就某些方面來看，這位大思想家生活的時代比有史以來的任何階段都更類似於我們自己的時代，而他也正是在災難性結局的全面衝擊下寫作，這或許也類似於我們所抵達的結局。」（頁390）如同聖奧古斯丁，我們在巨大浩劫的陰影下生活與思考，因此我們也必須像他一樣訴諸人開創新局的能力；因為人這種存在者的本質正是開創新局。

基於上述思考，嘗試去理解是什麼摧毀了我們的思考範疇與判斷標準，這種努力也就看起來沒有那麼嚇人了。縱使我們已經喪失了藉以測量的尺規與藉以歸納收攝特殊者的規則，作為本質即為開創新局的存在者，我們仍在自身之中擁有足夠的源泉，來進行無須憑藉任何前定範疇的理解，進行無須依循一套慣常規則設定（作為道德）的判斷。如果所有行動的本質，尤其是政治行動的本質就是創造新開端，那麼理解就成為了行動的另一面，亦即某種特別的認知形式，藉此行動之人（而非沉思某種進步式或命定式歷史進程的人）最終得以與無可挽回的已發生者相協調，並與無可避免的既成事實相和解。〔頁391〕

換言之，正是在判斷尺規消失之際，判斷能力恰恰得以自立。鄂蘭在這篇文章末尾，將理解關聯於想像這種能力，並將後者與單純的幻想相區分：

唯有憑藉想像力，我們才能夠從適當的角度來觀看事物，能夠將太過靠近者放置在一定距離之外，以便不帶偏狹定見地予以觀看、理解，也能夠架接起浩渺的深淵，讓我們得以觀看、理解一切離我們太過遙遠的事物，彷彿它們就在我們身邊一般。這種與某物「拉開距離」並架接起深淵的活動，正是理解之對話的一部分。〔頁392〕

想像力既為使理解得以可能的鄰近性（proximity）創造了條件，又設立了判斷所需要的距離。

若沒有這種實為理解的想像力，我們就絕對無法在這個世界當中定向自處。它是我們唯一擁有的內在指南針……如果我們想要在這大地上安居自在，即便要冒著還無法在這個世紀裡實現的風險，那麼我們就必須致力於跟極權本質進行無休止的對話。〔同前注〕

三、判斷艾希曼

根據鄂蘭的說法，「思想本身誕生於活生生的經驗事件，而且必須始終與之相綑綁，以便將其作為唯一路標」。[14] 若是果真如此，那麼究竟是何種特定經驗催生了她的判斷理論

---

14 Preface to *Between Past and Future*, p. 14.

呢？不用說，她有關極權源起的著作自然與之相關：它提醒她去留意人類判斷的複雜狀況，提醒她注意到由於現代社會的發展態勢，判斷所面對的威脅。但是我們仍很有理由去設想，存在另一種更具體但明顯更相關的「活生生的經驗事件」，它迫使她致力於將判斷的本性予以理論化，這一事件就是她出席了一九六一年在耶路撒冷進行的艾希曼審判。她的審判報導出現在一九六三年，先是在《紐約客》上刊載，其後則出版成書，該報導一推出就引發了巨大的爭議。[15] 我們知道，這一經驗為她帶來了進行全面反思的動力，因為她自己就曾告訴我們，她有關真相地位以及思想的批判性功能的思考，都是由於被捲入艾希曼爭議而激發出來的。[16] 於是我們就不太有理由懷疑，當她開始認真思考判斷問題時，縈繞其腦中的正是讓判

15 Arendt, "A Reporter at Large," *New Yorker*, February 16, 1963, pp. 40-113; February 23, 1963, pp. 40-111; March 2, 1963, pp. 40-91; March 9, 1963, pp. 48-131; March 16, 1963, pp. 58-134. 亦可參見 Arendt, *Eichmann in Jerusalem: A Report on the Banality of Evil* (New York: Viking Press, 1963; rev. and enl. ed., 1965)（所有引用均本於修訂擴大版）。雖然在艾希曼審判之前，鄂蘭的著作中就出現過有關判斷能力的討論，但是康德講座的第一個版本出現於一九六四年，也就是說它是緊跟在艾希曼報導書之後出現的。

16 參見"Truth and Politics," *Between Past and Future*, p. 277 n.; "Thinking and Moral Considerations," *Social Research* 38 (1971): 417-19; *Thinking*, pp. 3-6. 寫一本關於「思考」的書的承諾出現在一九六四年，表述在〈艾希曼在耶路撒冷〉（*Encounter*, January, 1964）一文當中；鄂蘭寫道：「這裡不是認真探討這些問題的地方；我打算在另一個不同脈絡中進一步闡述它們。艾希曼將會非常適合繼續作為我不得不討論的問題的具體模型。」

斷在艾希曼案中派上用場這一無可迴避的要求，更何況艾希曼自己明確放棄作出負責任的判斷，這是一種由於他「思考不能」（thought-defying）的平庸而產生的邪惡。

我們主要擁有兩項資料來源來評估艾希曼審判對鄂蘭判斷概念的影響：一九六四年刊登於《聆聽者》（*The Listener*）的〈獨裁統治下的個人責任〉（"Personal Responsibility under Dictatorship"）一文，[17] 以及為《平凡的邪惡：艾希曼耶路撒冷大審紀實》（*Eichmann in Jerusalem*）第二版（一九六五年）添加的後記。位於這兩者核心的問題就是，我們究竟是否有權預設「一種無須依靠法律與公眾意見來支撐的獨立人類能力，一旦發生偶然情況，它就能完全自發地對一切行為與意圖進行重新判斷」。我們是否有這樣的能力？一旦展開行動，我們中的每一個人都是立法者？[18] 鄂蘭表示這「觸及了貫穿所有時代的一項核心道德問題，亦即人類判斷活動的本性與功能」。[19] 在艾希曼審判與紐倫堡審判中，同樣被要求的是：

---

17 *The Listener*, August 6, 1964, pp. 185-87, 205.【譯按】該文後來收入文集《責任與判斷》：*Responsibility and Judgment*, pp. 17-48.

18 Ibid., p. 187.

19 *Eichmann in Jerusalem*, p. 294.

> 人類要有能力去分辨對錯，縱使唯一能引導他們的就是自己的判斷本身，而且這種判斷還恰恰跟他們身邊所有人的一致意見相衝突……那些仍有辦法分辨對錯的少數人真的是完全依憑他們自己的判斷，而且是非常自如地這樣做；他們沒有任何規則可遵循，從而也就無法將他們所面對的特殊情況歸納收攝於規則之下。他們不得不在每種情況發生的當下作出決斷，因為不存在任何規則來應對前所未有之事。[20]

這裡還涉及第二個面向，它在某方面同樣惱人，因為它同樣對判斷本身的地位提出了疑問。在《平凡的邪惡》當中，鄂蘭致力於公正對待大屠殺經驗，既不想將戰犯再現為未達判斷層次的次人生物（subhuman creatures），也不想將受害者描繪為超出判斷範疇的毫無責任的無辜者，而是試圖闡明唯有被判斷者非野獸、非天使而是人類之時，人類的判斷才能真正發揮作用。然而，鄂蘭的許多讀者（十分強烈地）反對說，如果這就是人類判斷必須採取的運作方式，那麼還不如乾脆放棄判斷好了。鄂蘭注意到艾希曼報導所引發的騷亂顯示出，「我們時代的人們是多麼為判斷這一問題而感到困擾」。[21]這整個爭議最為直接地反映在朔

20 Ibid., pp.294-95.
21 Ibid., p. 295.

勒姆（Gershom Scholem）與鄂蘭的精彩通信當中，這些信的內容刊載於《相遇》（*Encounter*）雜誌。[22]鄂蘭最後的回應包含在《平凡的邪惡》修訂版的後記當中：「有人主張若我們自身不在場且未涉入其中就不能進行判斷，這種說法似乎能無往不利地說服所有人，但是似乎很明顯，**如果這種主張是對的，那麼無論是司法（正義）的執行還是歷史的書寫，都不再可能。**」[23]至於第二種主張，亦即作判斷者無法避免自以為是的譴責，則在我們的檢視之下，未必會顯得比第一種主張更為有效。鄂蘭對此的回應是：「甚至連一位判決了殺人犯的法官也仍然可以在回家時說：『幸虧上帝保佑，不然我也會做出同樣的事』。」此外，「考慮到你自己也可能在同樣的情勢下犯錯，這或許會引發寬恕的精神」，但這絕不會預先阻斷判斷的發生。對於鄂蘭來說，寬恕在判斷之後**到來**，而不會取代判斷：「判斷所關注的是正義，而非仁慈。」[24]

---

22 Encounter, January 1964, pp. 51-56. 再版於：*The Jew as Pariah: Jewish Identity and Politics in the Modern Age*, ed. Ron H. Feldman (New York: Grove Press, 1978), pp. 240-51. 該書還包含了艾希曼事件相關材料的一個小選輯。【譯按】該書現亦已絕版，可參考晚近更完備的鄂蘭猶太論文集：*The Jewish Writings*, ed. by Jerome Kohn. New York: Schocken Books, 2007. 另，朔勒姆是著名猶太裔神學家、錫安主義者，他跟鄂蘭、班雅明（Walter Benjamin）之間都進行過重要的通信。

23 *Eichmann in Jerusalem*, pp. 295-96. 黑體為筆者所標。

24 Ibid., p. 296.

鄂蘭指出，到處氾濫的一種公眾輿論似乎樂於接受這樣的共識：「沒有人有權利論斷其他人。公眾輿論准許我們作出判斷、甚至提出譴責的，實為各種潮流，或是——數量越多越好——的各種群體，簡言之，就是寬廣到無法在其中作出區分、無法指名道姓的事物。」[25]於是我們就會發現，諸如有關集體罪責或是整個民族的集體無罪，這樣的理論大量衍生。「所有這些陳腔濫調都共同具有的特點就是，它們讓判斷變得多餘，而且只要附和這些陳腔濫調，就無須承擔任何風險。」[26]這伴隨著「到處都明顯存在的不願意基於個人道德責任而作出判斷的狀況」。[27]恰恰是這種判斷能力的萎縮狀況，首先讓艾希曼可怕的罪行得以可能，這真是可悲的諷刺。

艾希曼事件讓鄂蘭充分意識到，判斷能夠以人類可理解認識的方式發揮消化吸收的作用，無論這會遭遇到多麼強烈的抵制。判斷將其對象帶入人類的意義範疇之內。這最為顯著地反映在鄂蘭與朔勒姆討論艾希曼問題的通信當中。在寫給鄂蘭的信中，朔勒姆說道：「（在猶太長老當中的）許多人跟我們自己沒有什麼差別，他們被迫要在我們甚至都已經沒

---

25 Ibid.
26 Ibid., p. 297.
27 Ibid.

有辦法再現或重構的情勢下做出可怕的決定。我不知道他們是對是錯。**我也不敢妄作判斷**。我當時並不在那裡。」鄂蘭回應道：「〔猶太委員會成員們的行為〕構成了所謂『無法掌控的過去』的一部分，而且即便如你所言，現在做出一個『公允的論斷』還為時過早（雖然我對此有所懷疑），我仍確信**我們還是應當與這一過去相調解，只要我們開始作出判斷**並坦然面對，就能辦到。」[28]於是，判斷的功用就是幫助我們為那些本不該如此發生的事件賦予意義，並使其能夠被人類理解。判斷的職能在於幫助人類理解各種事物——鄂蘭也為在故事中講述卓越事蹟的行為賦予同樣的職能——而帶來可理解性也正是政治的意義所在。

就此而言，我們可以將鄂蘭的《平凡的邪惡》與擁有類似道德面向的另一部作品進行比較，這就是梅洛龐蒂（Maurice Merleau-Ponty）的《人道主義與恐怖》（*Humanism and Terror*）。這兩本書各自探問的是我們世紀最極端（也最令人絕望）的兩種政治經驗，亦即納粹主義與史達林主義。這兩部作品的共同之處在於，它們同樣將理解的努力置於探問的核心地帶。當理解被歸入判斷的職能範圍時，這就要求想像力的自由運作，尤其是那種從我們

28 *The Jew as Pariah*, ed. Feldman, pp. 243, 248；黑體為筆者所標。【譯按】鄂蘭與朔勒姆通信中提到的「猶太長老」或「猶太委員會成員」，都是指鄂蘭在艾希曼報導中曾指責的與納粹有過合作關係的部分猶太領袖，亦是這種指責為該書帶來了極大的爭議。

事實上並未身處的位置上想像事物看起來是什麼模樣的能力。判斷會要求我們努力去理解，那些我們不僅不贊同而且甚至會覺得很倒胃口的觀點。不贊同的態度並不會免去我們理解自己所拒斥者的責任；它反而更增強了這種責任。梅洛龐蒂寫道：「真正的自由會如其所是地看待他人，嘗試去理解那些甚至會否定我們的學說，**而且在理解之前絕不會允許自己作出論斷**。我們必須在理解的自由當中實現我們的思想自由。」[29]對於梅洛龐蒂而言，判斷同樣承擔了理解與寬恕的悲劇性任務，這構成了判斷的悲劇面向。鄂蘭與大屠殺經驗相調適的努力傳遞了同樣的訊息。對一種真正的人類處境作出判斷，就意味著參與到某種悲劇當中，這種悲劇始終潛藏在人類責任被行使、承擔到極限的各種情勢當中。這有助於解釋為何鄂蘭會將判斷這種能力與人類的尊嚴感關聯在一起。

艾希曼案件與判斷主題的關聯有兩個層次：第一，在艾希曼所涉入的重大政治情境中，他自身無能（inability）進行思考與判斷，無能分辨對錯、美醜；第二，這裡面存在回溯性理解的問題，亦即如何從一個在時間與空間上都遠離了爭議事件的有利位置上，來評斷艾希曼案件的意義。鄂蘭同時關注這兩個層次：在第一個層次上，艾希曼是進行判斷的主體；在

29 Maurice Merleau-Ponty, *Humanism and Terror*, trans. John O'Neill (Boston: Beacon Press, 1969), pp. xiv-xv. 黑體為筆者所標。

第二個層次上，則是鄂蘭自己以及她的美國猶太同胞們，被召喚去作出判斷。前者告訴我們，無能思考會對判斷能力產生致命的影響。後者告訴我們，即便會有損對家族或民族的承諾與忠誠，我們仍然不能逃避作判斷的責任。被預設為優位者的愛或忠誠，都不能禁止判斷。判斷必須是自由的，而構成其自律性的條件則是能夠思考。

如我們所見，艾希曼案中上述兩個面向的第二項，也就是二十年後美國猶太人社群所面對的回溯性判斷，構成了對判斷地位本身的挑戰。問題在於，出於對犯下不忠之罪的擔憂或恐懼，我們是否應該乾脆懸置判斷。鄂蘭的回答是不妥協且無條件的。若缺少讓我們的世界得以被理解的判斷，則現相的空間也將直接崩塌。因此判斷的權利是絕對且不可剝奪的，唯有時常訴諸判斷，才有辦法讓這個世界變得有意義。如果我們基於愛或遲疑而喪失了判斷的能力，那麼我們無疑就會在這個世界當中迷失方向。

四、品味與文化

在鄂蘭出版於一九六一年的一篇名為〈自由與政治〉的文章中，我們首次遭遇到了康德的《判斷力批判》中包含著政治哲學的種子的這種想法，而且這種政治哲學跟關聯於《實踐

理性批判》的政治哲學有所區別，甚至是相互對立。鄂蘭指出康德

> 闡發了兩種差異巨大的政治哲學：一種被普遍接受為《實踐理性批判》中所呈現的樣子，而另一種則包含在《判斷力批判》當中。《判斷力批判》的第一部分實為政治哲學，這件事幾乎從來沒有在討論康德的論著中被人提到過；另一方面，我認為我們可以在他所有的政治性論著中看出，對於康德自己來說「判斷」主題也比「實踐理性」更具份量。在《判斷力批判》中，自由被描述為想像力的述詞而非意志的述詞，同時想像力也最為緊密地關聯著那種堪為政治思考典範的拓寬式思考方式（wider manner of thinking），因為它使我們得以「將自己放在他人的心靈位置上」。[30]

鄂蘭後續出版著作中所勾勒的判斷理論，完全就是在致力於將這「另一種」（迄今仍不

30 "Freedom and Politics," in *Freedom and Serfdom: An Anthology of Western Thought*, ed. Hunold, p. 207. 參見 "The Crisis in Culture," *Between Past and Future*, pp. 219-20.（同年出版）【譯按】在後來收錄於 *Thinking without a Banister*（2018）的版本中，這裡的「拓寬式思考方式」被表述為鄂蘭之後更常使用的「擴大心智」（enlarged mentality），而「將自己放在他人的心靈位置上」則寫作「在任何人的位置上思考」（to think in the position of everyone else）。

為人知或未獲重視的）政治哲學引導、發展出來。

在鄂蘭生前出版的著作中，她對判斷最充分的闡述蘊含在〈文化危機：其社會意義與政治意義〉一文當中，該文收錄於《過去與未來之間》。[31]在〈文化危機〉中，鄂蘭的分析基礎在於「物」（文化物）、「價值」（交換價值）與「消費品」之間的三元區分結構。文化物的正當尊嚴內在於它們作為「物」的事實當中，也就是說，作為「世界的持久附屬物」，它們「優劣與否是依照其抵擋生命過程（消耗）的能力來衡量的」（頁205-206）。這些文化物被有教養的歐洲資產階級（bourgeoisie）當作可以推動社會進步的交換價值來使用，從而被十八、十九世紀「優雅社會」的文化市儈們貶低為「價值」。其後興起的大眾社會則帶來了新的發展態勢：拋棄作為交換價值的文化，並用另一種性質完全不同的東西來取代它，這就是娛樂（界定大眾的方式是「消費的能力，以及無能判斷、甚至無能區辨的特性」，同時還有「與世界的命定疏離」）（頁199）。在嚴格意義上，娛樂是一種「消費品」，內在於人類「與自然進行新陳代謝過程」的一部分，一旦滿足了它所服務的需求，就會馬上被「消費

---

31 Arendt, "The Crisis in Culture: Its Social and Its Political Significance," in *Between Past and Future*, pp. 197-226. 其後引用均據該書。

掉」，而勞動社會生產—消費循環中的一切事物亦是如此（交換價值與消費商品之間的區分，明顯對應於鄂蘭在《人的條件》中對工作與勞動所做的區分）。鄂蘭相信，在某種意義上，勞動社會的消費主義對文化造成的威脅，還比不上「優雅社會」的市儈主義（philistinism），因為消費主義以娛樂為首的態度完全與文化不沾邊，從而不會像市儈主義那樣侵害到文化。另一方面，藉由一種無所不包的功能化過程，文化最終也被吸收到消費社會的娛樂需求當中了：

> 文化關聯於客體，它是一種世界現象；娛樂關聯於人，它是一種生命現象。唯有能夠耐受（endure），一個客體才是文化的，其耐受性正是功能性的相反面，後者乃是藉由使用與消耗，而使客體再度從現象世界消失的性質。大規模使用、消費客體的乃是生命本身，包括個人生命與社會整體的生命。生命不關心客體的物性（thingness），它堅持所有事物都必然是功能性的，是為了滿足某些需求。當現在和過去產生的所有具世界性（worldly）的客體或物，都只被看作為了社會的生命過程而存在的純粹功能，就像它們只是為了滿足某些需求而存在的時候，文化就岌岌可危了。〔頁208〕

> 消費者社會不可能知道如何照顧好一個世界、如何照顧好專屬於這個世界性現相空間的事物，因為它對待所有客體的核心態度，那種消費的態度，會讓它所觸及的所有事物毀滅。
>
> 〔頁211〕[32]

上述引文告訴我們，文化與政治同樣涉及對世界的關心，並交會在對公共世界的關切之中。政治與文化在本質上並不是兩個相互分離的人類行為領域：兩者同樣關心世界看起來是什麼模樣，世界如何向共享者顯現，而且還同樣在意世間居所的品質，畢竟正是這居所環繞著我們，並讓我們在其中度過終有一死的餘生。

上述想法在下面這段令人震驚的文字中呼之欲出，它出自修昔底德所記述的在伯里克利（Pericles）葬禮上的一段演說。鄂蘭將其譯作：「我們以政治判斷作為愛美的界限尺度，我們愛智慧卻不會犯下野蠻人的柔弱之弊。」（頁214）「愛美」之所以能夠被納入「政治判斷」的範圍之內，是因為它們同樣對公共現相有著基本要求，它們都以一個共通世界為前提。「連接藝術與政治的共通要素，就是它們都屬於公共世界的現象」：

---

32 譯注：〈文化危機〉的引文主要參考：鄂蘭著，李雨鍾、李威撰、黃雯君譯，《過去與未來之間》（臺北：商周出版，2021年）。譯者此處對譯文亦稍有調整。

> 文化向我們揭示出，那藉由行動之人來確保其政治安全的公共領域，會為那些本質上就是要顯現、要成為美麗之物的事物，提供展現空間。換言之，文化揭示出藝術與政治之間雖然有衝突與張力，卻是相互關聯、甚至是相互依賴的。政治經驗與政治活動如果僅有其自身，就只會在這個世界來去無痕，就此而言，美正是不朽性的展現。唯當美惠臨其上，言詞與事蹟那易逝的偉大才得以在世間持存。美乃是讓潛在的不朽性得以在人類世界展現的璀璨榮光，若沒有美，則所有的人類生活都將變得徒勞，也沒有任何偉大能夠持存。{頁218}

品味，愛美活動中呈現的分辨、鑑別、判斷，正指向**有教養的靈魂**（*cultura animi*），指向「一種經歷了此等訓練與教化的心靈所擁有的品質，它堪擔重任，能夠為我們照料、照顧好以美為判準的現相世界」（頁219）。

鄂蘭對判斷的討論，關聯於能夠鑑別文化現相與政治現相的「觀察者」。她告訴我們，如今之所以要訴諸康德的《判斷力批判》，是因為其中第一部分「審美判斷批判」為我們提供了「主要是從作判斷的觀察者角度進行的美的分析」（頁219-220）。對作判斷觀察者的關注，完全就是鄂蘭用秀異（virtuosity）與展演來界定政治的方式的一種延伸（頁153）。行動者的行為，既需要觀察者的判斷，也同樣需要其他展演者的判斷。鄂蘭開始闡述這種觀察論的方式，是提醒我們注意以判斷為前提、且對立於思想的孤獨本性的複數性概念。她援引了康德式的「擴大心智」概念，有時也會在其他地方使用「再現性思考」的說法：「在其他任何人的位置上思考。」（頁241）這涉及「與他人的潛在一致」，且最終會達成某種合意。

判斷的另一個面向在於，不同於邏輯推論，它不會強迫人們接受普遍有效性。它反而會訴諸「實際在場」的判斷者，他們是判斷對象顯現於其中公共領域的成員。鄂蘭還借用了亞里斯多德對**實踐智**（*phronēsis*）與**智慧**（*sophia*）所做的區分：後者努力要超出於共感之上，前者則根植於共感；「只要這是一個共通世界，共感就會為我們揭示其本性」；而且「實踐智」還「使人得以在公共領域、在共通世界當中找到自己的方向」。值得注意的是，對於共感的這種辯護，是在一個在鄂蘭著作中持續迴響的主題。共感意味著與他人共享一個非主觀的「客觀」（充滿客體）的世界。作出判斷是一種重要的（就算不是最重要的）活動，透過此活動，這種「與他人共享這個世界」才得以實現（頁221）。

鄂蘭相信康德擺脫了如下偏見：品味判斷僅僅關乎審美之事，從而處於政治領域之外（同時也處於理性領域之外）。她聲稱，斷言品味既主觀又任意的想法，冒犯的不是康德的審美感，而是他的政治感。她主張，康德之所以堅稱品味判斷向討論開放且以論辯為依歸，是因為他意識到美具有公共特性，意識到美麗事物與公共事務具有相關性。

> 在審美活動中，決斷即便總是由某種主觀性來決定，也仍是基於這樣一個簡單的事實，亦即每個人都擁有自己的位置，並由此觀看、判斷這個世界，這與政治判斷相較，也不遑多讓；另一個事實是，世界本身就是一個客觀的基準點，共通於其中所有居住者。品味活動決定了在效益性、在我們的切身利益之外，世界將會如何被看到、如何被聽到，亦決定了人們將會在其中看到什麼、聽到什麼。品味依其現相與世界性來判斷這個世界；它對於世界的興趣是純然「非關利害的」，這意味著，無論是個人的生命利益還是自我的道德趣味，都無涉其中。對於品味判斷來說，首要的不是人，也不是人的生命或其自我，而是世界。（頁222）

鄂蘭回到了判斷與指向真理的哲學主張之間的矛盾。後者作為可證成的真理，尋求透過強迫性的證明過程來**強迫**人們同意。品味判斷則與之相反，它們就像政治意見一樣是說服性的；它們的特徵是「希望最終與任何人**達成**一致」。

> 文化與政治……相互從屬，因為在此重要的不是知識或真理，而是判斷與決定：對於公共生活領域與共通世界進行審慎的意見交換，並且決定要在其中採取什麼樣的行動方式，之後要如何去觀看，以及什麼樣的事物將會顯現。〔頁223〕

在〈文化危機〉中，鄂蘭以對人文主義的肯定來結束有關品味的討論，而且還特別援引了西塞羅。她指出，品味「不僅決定了世界會被如何觀看，而且還決定了哪些人會歸屬其中」。它界定出了一種歸屬原則，表達了人們所維持的夥伴關係，而且就此而言，它就如同政治本身一樣關乎自我揭示（self-disclosure）。[33]因此「品味正是真正人性化了美麗事物並創造出文化的政治能力」（頁224）。鄂蘭將西塞羅的想法詮釋為：「對於真正的人文主義者來說，無論是科學家的確證、哲學家的真理，還是藝術家的美好作品，都無法成為絕對之物；由於人文主義者不是專家，因此他行使的判斷與品味的能力，就不適用於每種專業活動都會強迫我們接受的強制規則。」（頁225）為了對抗專業化與市儈主義，鄂蘭反制性地提

---

33 「透過一個人作判斷的方式，他也多少自我揭示出他是什麼樣的人，而這種非自願式揭示的效力，則取決於它擺脫純粹個人特質的程度」（同前注，頁223）。換言之，只要人格特質確立起擁有準判斷者的「陪伴」的交互主體效力，那麼就能夠潛在地成為非主觀的。

出了這樣一種人文主義，它「知道如何去關心、維護、讚賞這個世界當中的各種事物」（同前注）。她在這些有關品味的思考之後總結道，一個有教養的人應當是「一個無論立足當下還是回溯過往，都知道如何在人群裡、萬物間、各種思想中選擇夥伴的人」（頁226）。[34]

---

34 鄂蘭在此援引了西塞羅的宣稱，亦即他寧願跟隨柏拉圖一起走上歧途，也不願跟畢達哥拉斯派一起擁有真理；她認為這句宣稱的意義在於，西塞羅甚至願意為了「柏拉圖及其思想的陪伴」而接受偏離真理的道路」（同前注，頁224-225）。在一篇未出版的講稿中，鄂蘭還補充了艾克哈（Meister Eckhart）類似的一種表述，亦即比起待在沒有上帝的天堂，他更願意跟上帝一起待在地獄；鄂蘭也援引了《權力意志》（*The Will to Power*）的第292條注釋，尼采在其中表示，「將行為與行為者相分離，對『罪』（行為結果而非行為者）進行仇恨或蔑視，相信行為自身就是善的或惡的，這些都扭曲了道德的本性……在每一行為當中，一切都取決於行為者為誰；同一件『罪行』會在某一種情況下擁有最高的特權，在另一種情況下成為（邪惡的）象徵。實際上，是作判斷者的自我關聯性在解釋行為，更確切地說，是根據（行為人與該法官之間的）相似抑或親近程度來解釋行為人」（參見Nietzsche, *The Will to Power*, ed. Walter Kaufmann, trans. W. Kaufmann and R. J. Hollingdale [New York: Random House, 1967], p. 165）這一未刊講稿是鄂蘭在社會研究新學院教授的一門課程的一部分：「道德哲學的若干問題」，第四節，一九六五年三月二十四日（Lecture notes, Hannah Arendt Papers, Library of Congress, Container 40, pp. 024637, 024651-024652）；尼采引文中的插入文字是鄂蘭所加。參照Kant Lectures, p. 74, above. 有關「夥伴選擇」的更多討論，可參見該文的第六節，頁112-114。

五、再現性思考

在〈真相與政治〉中，鄂蘭進一步發展了說服性判斷與強制性真理之間極為重要的矛盾。[35]她在此處的考察脈絡，是哲學生活與公民生活之間的傳統衝突。哲學家將「純粹的意見」對立於真理，「將其等同為幻覺，而正是對意見的這一貶低，為這種衝突帶來了尖銳的政治意味；因為作為所有權力必不可少之前提條件的是意見，而非真理」。於是真理與意見之間的這種敵對關係，就呈現為：

> 任何在人類事務領域訴諸絕對真理，從而無須藉由意見來支撐其有效性的宣稱，都攻擊到了所有政治、所有政府的根基所在。〔頁233〕

鄂蘭努力反抗自柏拉圖以降的哲學家對意見的中傷，以及這種重傷背後對公民生活的貶低，並在此過程中訴諸麥迪遜（Madison）、萊辛與康德。意見自身的獨特尊嚴，源自於人

---

35 Arendt, "Truth and Politics," in *Between Past and Future*, pp. 227-64. 其後引用均本此書。

的複數性情況，源自於公民向其同胞進行自我表達的需求；因為「正是辯論構成了政治生活的本質」。如鄂蘭所言，麻煩在於所有被其擁有者獨斷宣稱的真理，都排除了辯論：「如果從政治的角度來看，針對真理的思考、溝通模式都必然是專橫霸道的；它們不會將他人意見納入考量，而將這些意見納入考量則是所有嚴格意義上的政治思考的標誌。」（頁241）

正是在這裡，鄂蘭引入了她有關政治思考的再現特性的想法：

我透過從不同觀點來考慮某一特定議題，透過讓那些不在場者的立場在我心中呈現，來形成一個意見；換言之，我再現了他們。這個再現的過程並非盲目採納不同位置上的實際觀點，並由此從一個不同的視角來看待世界而已；這既不像是那種試著去成為他人或像他人那樣去感受的同理心，也不是盲目從眾或隨大流，而是在我實際上並未身處的位置上，以我自己的身份（in my own identity where actually I am not）來存在並思考。當思考某個特定議題時，我越是在自己的心靈中呈現出更多人的立場，越是能夠想像在他們的位置上會如何感受、如何思考，我進行再現性思考的能力也就是強大，我最終的結論、我的意見也就越是有效。〔同前注〕

根據鄂蘭的說法，這種能力就是康德式的「擴大心智」，它是人得以進行判斷的基礎（康德雖然發現了這種進行不偏不倚之判斷的能力，卻「未能辨識出這一發現背後的政治與道德意涵」〔同前注〕）。我們嘗試**去想像**若是在其他位置上思考會是什麼樣子，而「行使這種想像力的唯一條件就是非關利害關係性，亦即從我們自身的私人利益興趣中解放出來」（頁242）。這一意見形成的過程取決於某人在哪些人的位置上進行思考並運用自身心智能力，如此一來，「一個特定議題就被迫開放，從而從各個面向、各種可能的角度展現自身，直到在人類理解能力的充分透析下已變得清楚明白」（同前注）。

鄂蘭在一篇有關判斷的未刊講稿中闡述了這種再現性思考的觀念：

設想一下這樣的情境，我看著一間具體的貧民窟住宅，並根據這一特定建築物來體會某種它並未直接展現的一般性觀念，亦即貧窮與苦難的觀念。我獲得這一觀念的方式，是向自身再現出，如果我不得不住在這裡的話會有什麼樣的感受，換言之，我嘗試站在貧民窟住宅的位置上進行思考。我將會產生的判斷絕不必然與此處的居民相同，時間與絕望或許已磨去了後者對於自身處境的忿忿不平，但是就我對於這些問題的進一步判斷而言，這將成為我所援引的一個出色範例⋯⋯進言之，雖然我在作判斷時考慮了他人，但這並不意味著我的判斷只是遵從了他人的意見；實際情況是，我仍然以我自己的聲音說話，而且我並不是靠數人頭來獲得對的答案。但是我的判斷也已不再主觀。[36]

鄂蘭說道：「問題的關鍵在於，我對於特定案例的判斷並不僅僅取決於我的理解認知，而是要取決於我向自身再現那些我並未察知的事物的過程。」[37]

很明顯，作為政治理性的首要能力，判斷與意見密不可分地相互從屬著。鄂蘭的意圖也非常明顯：將注意力集中在判斷能力上，是為了將意見從自柏拉圖以來的壞名聲中挽救出來。於是作判斷的能力與形成意見的能力，就同時獲得了救贖。這一點在《論革命》（*On Revolwtion*）的一個段落中顯露無遺，其中判斷與意見被相提並論：「意見與判斷……這兩種在政治上最為重要的理性能力，幾乎完全被政治與哲學思想傳統所忽視。」[38]她注意到，

---

36 在新學院教授的課程：〈道德哲學的若干問題〉，第四節，一九六五年三月二十四日；同樣出現於在芝加哥大學進行的「基本道德命題」演講中（Hannah Arendt Papers, Library of Congress, Container 40, p. 024648）。【譯按】該課程後來收入文集《責任與判斷》：*Responsibility and Judgment*, pp. 49-146.

37 Ibid.

38 Hannah Arendt, *On Revolution* (New York: Viking Press, 1965), p. 231.

美國革命的國父們有意識到這兩種能力的重要性，即便他們「並未有意識地要在人類理性能力的階序中重申意見的地位與尊嚴。判斷的情況也同樣如此，如果我們希望探知它在人類事務領域的基本特性與驚人效能的話，我們將不得不轉向康德哲學，而非這些革命者」。[39]國父們自己未能超越一般概念的狹隘且受限於傳統的框架，從而未能將政治生活的這兩種理性能力予以再概念化。換言之，我們所要求的重申仍有待達成，而將其表述出來，則是鄂蘭自己以康德解釋者的身份承擔下來的一項任務。

我們現在已經可以看出鄂蘭引入哲學真理與公民判斷之對立的真正用意了。她的目的是要為確立意見的「地位與尊嚴」提供助攻。正是判斷為意見賦予了它自身獨特的尊嚴，並在它與真理相對抗時為之提供贏得尊重的衡量標準。正是由於判斷之故，意見才得以擺脫了傳統上哲學家使其落入的恥辱地位。正是由於我們作為複數存在者，能夠進入「再現性思考」過程，意見才無法像傳統哲學所做的那樣被簡單打發掉。而且由於意見乃是政治的支柱，因此意見地位的提升也同時拔高了政治領域的地位。

39 Ibid., pp. 231-32.【譯按】值得補充的是，鄂蘭之所以會在這裡忽然提到「判斷」，是因為她分析了參議院與最高法院這兩個機構的設立，並將之分別對應於意見與判斷。

分析至此，鄂蘭對判斷本性的理論化仍依循著一條連貫的發展線索。然而當我們轉向她一九七〇年代的論著時，就會在她對判斷的思考中發現清晰可辨的重點轉移。她不再強調政治行動者的再現性思考。取而代之的是，判斷活動開始與思考活動結盟，後者「只有在特殊的緊急狀況下才會與政治相關聯」。[40]判斷不再根據政治行動者決斷未來行動進程的慎思權衡（鄂蘭之後會將這種活動等同於意志的籌畫）來構想，而是開始被界定為對過去、對既有者的反思，而且與思考相同的是「這樣的反思活動將不可避免地在政治緊急狀況下發生」。[41]

六、思考之風：緊急狀況下的判斷

鄂蘭後來會在《心智生命》中進行處理的一系列後期關注，最初出現在公開出版物當中，是在〈思考與道德考量〉這篇刊登於一九七一年的講稿。[42]在這篇文章的末尾，鄂蘭轉

---

40 *Thinking*, p. 192.

41 Ibid.

42 Arendt, "Thinking and Moral Considerations," *Social Research* 38 (1971): 417-46.

向判斷能力的作用問題。她寫道，在發生歷史性危機的時代「思考不再是討論政治問題時的邊緣角色」，因為那些擁有批判性思考能力的人不會像其他人那樣，輕而易舉地被席捲帶走：

> 他們拒絕加入的舉動太過引人注目了，從而也就成為了一種行動。思考活動中的淨化要素，亦即蘇格拉底的助產術，能夠將隱藏在未經檢視的意見之內的意涵引導出來，從而將諸如價值、學說、理論甚至信念，都一併予以摧毀；這種要素隱含著政治性。其原因在於，這種破壞過程對於另一種人類能力具有解放效果，這種能力就是判斷，我們或許可以理直氣壯地稱之為人最具政治性的心智能力。這種能力判斷**特殊者**，同時並不將其歸納收攝到普遍規則之下；而這些普遍規則能夠被教導、學習，直到它們發展成某些慣習，但這些慣習也能夠被其他慣習與規則所取代。

康德所發現的判斷特殊者的能力，亦即指出諸如「這是錯的」、「這是美的」的能力，並不等同於思考的能力。思考處理不可見者、處理不在場者的再現；而判斷則總是關注特殊者與身邊事物。但是這兩者是相互關聯的，其關聯方式類似於意識之於良知。如果說思考作為無聲對話的一中有二，其在我們的人格同一性當中現實化出差異性的方式，類似於意識最終以良知作為副產品的運作方式的話，那麼判斷作為思考之解放效果的副產品，則現實化了思考，並使其展現在現相世界當中，而在這個世界中，我從來都不會只是單獨一人，也總是因忙忙碌碌而無法進行思考。思考之風所展現出來的並不是知識，而是區辨對錯、美醜的能力。至少對我而言，這的的確確能夠在千鈞一髮的罕見時刻阻止災難的發生。[43]

對於鄂蘭而言，政治是由現象性（phenomenality）所界定的，是在現相空間當中的自我揭露。按照鄂蘭的認知，政治之物在現象層面上是一覽無遺的：「偉大之物是不證自明的，它們被自身所照亮」，而詩人或歷史學家們僅僅是將那種已然可被所有人看見的榮光**保存下去**而已。在希臘人那裡，「偉大的事蹟與言詞因其偉大而像石頭與房屋一般真實，能夠被在場的所有人看見、聽到。偉大是很容易被辨識的」。[44]這一點再度連結了藝術與政治：「兩者都屬於公共世界的現象。」[45]因此政治的現象性可類比於藝術的現象性：

43 Ibid., pp. 445-46. Cf. *Thinking*, pp. 192-93.
44 "The Concept of History," *Between Past and Future*, p. 52.
45 "The Crisis in Culture," *Between Past and Future*, p. 218.

為了對眾多現相有所覺察，我們首先必須能夠自由地在自身與對象之間建立某種距離，而某一事物的現相本身越是重要，也就要求越大的距離來達成恰當的欣賞。這種距離並不容易出現，除非我們能夠忘卻自身，忘卻我們生命當中的種種關切、利益與衝動，從而不再要緊抓著我們所傾慕的對象不放，而是任其所是，讓它維持自身的現相。[46]

弗拉特（Ernst Vollrath）在一篇討論鄂蘭「政治思考方法」的出色文章中，很好地表達出這一關鍵。弗拉特寫道（有別於客觀性的）無偏私性：

在本質上意味著「去說出這是什麼」……意味著依其事實性（facticity）來辨識現象，而且是在現象的意義上確定這種事實性，而非根據某種認識論基礎來進行構建……鄂蘭式的政治思考並非將政治議題視為「對象」，而是視之為現象與現相。它們就是自我顯露出的東西，就是向眾人的眼睛與感官顯現者……政治事件是一種特定意義上的現象；人們或許會說它們**本身**（*per se*）是現象……政治現象發生的空間正是由現象本身所創造出來的。[47]

46 Ibid., p. 210.

47 Ernst Vollrath, "Hannah Arendt and the Method of Political Thinking," *Social Research* 44 (1977): 164-64.

判斷在自我揭示的現象當中進行區辨，並充分捕獲現象的現相。相應地，無須預先以普遍者來歸納收攝卻能辨別特殊者性質的判斷能力，密切關聯著政治的揭示性本質。可以說，判斷確認了被揭示者的存在。於是，人類的判斷活動就總是在現相的世界當中持續運作，這一點再怎麼強調都不為過。

我們判斷的對象乃是自行向我們的目光開放的特殊者。很自然地發生的狀況是，我們唯有根據某些普遍規則對特殊者進行分類，才有辦法予以理解掌握。一個赤裸裸的（未經分類的）對象就不可能成為判斷的對象。但是當我們藉以歸納收攝特殊者的普遍規則轉變成固定的思考習慣，變成僵化的規則與標準，變成「約定俗成且標準化的表達準則與行為準則」時，[48]危險就是我們將不會讓自己向現相的現象豐富性充分開放，從而也就無法使它們成為判斷的對象。正是在此情境下，判斷能力遭遇到了最為嚴峻的考驗，而判斷的敏銳與否也將具有實實在在的實踐後果。比如說，如果有的人早已對常規的暴政、專制與獨裁政體之下常有的蠻橫與壓迫，感到習以為常，那麼他們就很難在二十世紀的極權主義中辨識出某種全新

---

48 Arendt, "Thinking and Moral Considerations," p. 418.

的、前所未有的東西。[49]要在我們所熟悉的事物與真正新穎且截然不同的事物之間作出區判，這會需要一種特別的判斷品質。那些擁有品味的人，那些能夠在事物之間區別美醜、好壞的人，會不那麼容易在政治危機的時代顯得措手不及。

根據鄂蘭的說法，作為批判性的思考運動，思想鬆動了普遍者的掌控力（比如將根深蒂固的道德慣習確立為固定的一般戒律），從而解放判斷，使其在一個進行道德或審美區辨的開放性空間中運作。當這一空間已被批判性思考清理過之後，判斷才能最好地發揮功效。按照這種方式，普遍者就沒有完全支配特殊者；反倒是特殊者能夠按照其自我揭示的方式被真正理解掌握。從而思考本身也就由於它與判斷能力的關係，而獲得了某種政治相關性。藉由鬆動普遍者對特殊者的掌控力，思考釋放了判斷能力的政治潛力：這種潛力內在於它如其所是地感知事物的能力，亦即按照事物在現象上展現的樣貌來感知的能力。[50]

一九六六年，鄂蘭在芝加哥大學做了一系列題為「基本道德命題」的演講，而稍早之前，鄂蘭則在一九六五年為社會研究新學院開設了一門名為「道德哲學的若干問題」的講座

---

49 有關她在論述極權問題上更具體的方法說明，可參見鄂蘭圍繞「極權主義的起源」對埃里克・沃格林（Eric Vogelin）的回應，*Review of Politics* 25 (1953): 68-85.

50 參見 "The Concept of History," *Between Past and Future*, p. 64.

課程；在這兩者當中，鄂蘭描繪了西方道德如何由於西方政治的某些發展態勢，而變得如此脆弱不堪，以至於原本被視為西方文明基本倫理信條的東西（「寧可忍受不義也不要行不義之事」，「己所不欲勿施於人」等等），竟已淪落到了純屬約定俗成者的地步（如同餐桌禮儀一般可輕易替換）。[51] 正是在這一脈絡下，鄂蘭轉向康德，以尋求這樣一種對道德生活的解釋，它承認道德命題並非不證自明，卻同時不主張我們應該完全放棄道德判斷。康德對品味的分析提供了溝通、主體際間的贊同（intersubjective argeeunent）以及共享式判斷的概念，這些都是鄂蘭為了重建道德的地平線而尋求的東西。如果我們不再能夠訴諸道德客觀性的預設，那麼我們或許還至少有希望找到一條擺脫純然主觀性的道路，其方式就是借助於一種道德品味的概念，讓它扮演判斷主體之間的橋樑，以促成共享或合意判斷的夥伴。與此同時，鄂蘭還尋求一種對惡的解釋，以便理解掌握二十世紀的政治之惡。判斷的分析再次居於核心位置，因為正是在這裡，她發現了政治領域中最大之惡的源頭，亦即集中體現在艾希曼身上的極權之惡的源頭：「拒絕作出判斷：缺乏想像力，未能將你必須予以再現的他人呈現在你

51 Course at the New School: "Some Questions of Moral Philosophy," First Session (Hannah Arendt Papers, Library of Congress, Container 40, pp. 024585, 024583). 亦可參見 Arendt, "Personal Responsibility under Dictatorship," *The Listener*, August 6, 1964, p. 205.

眼前，也未能將他們納入考量。」[52]

這種蘊含在拒絕作判斷之中的惡，是鄂蘭在「基本道德命題」的最後一講末尾提出的：

> 最終……我們的對錯決定取決於我們如何選擇夥伴，取決於我們希望跟什麼樣的人共度餘生。〔反過來說〕選擇夥伴的方式，則是透過典範來思考，透過已逝者或在世者的典範、透過過去或當前的事例來進行思考。不大可能發生的情況是，有人會告訴我們他寧願選擇藍鬍子（譯按：傳說中的邪惡殺人魔）作為他的夥伴，還把藍鬍子當作典範，如果真的發生這種狀況的話，我們也只能確認這個人絕對無法成為同道中人。但是我擔心的是另一種已更為常見的情況可能會發生，這就是有人會告訴我們，他不在意這件事，任何人的陪伴對他來說都不錯。在道德、甚至政治的層面上來說，這種漠不關心的態度雖然已頗為常見，卻是最危險的。與此類似的還有另一種非常普遍的現代現象，其危險性僅僅是稍少一點而已，這就是完全拒絕作出判斷的普遍趨勢。不願意或沒有能力去選擇自己的範例與夥伴，不願意或沒有

---

52 Course at Chicago: "Basic Moral Propositions," Seventeenth Session (Hannah Arendt Papers, Library of Congress, Container 41, p. 024560).

能力去藉由判斷來關聯他人，由此產生了真正的**醜聞**，產生了人類力量無法移除的真正絆腳石，因為它們並非源自人類本身的以及人類能夠理解的動機。於是在這裡存在著恐怖，也同時存在著惡之平庸。[53]

當代社會中的真正危險在於，現代生活的官僚化、技術專家化、去政治化結構正鼓勵人們抱持漠不關心的態度，並不斷使人們變得越發缺乏分辨能力、越發無法進行批判性思考，也越發不想承擔責任。[54]

於是，鄂蘭的判斷理論也屬於一種對當前歷史情境的全面性解釋，她將此理解為西方道

53 "Some Questions of Moral Philosophy," Fourth Session (Hannah Arendt Papers, Library of Congress, Container 40, p. 024651). 也可參見 "Eichmann in Jerusalem: An Exchange of Letters," *The Jew as Pariah*, p. 251。鄂蘭在其中表示，思想試圖抵達某種深度、探究根源，而「惡則從來都不是『根本性的』，它僅僅是極端，它既不具有深度也不具有惡魔面向。它之所以會到處蔓延、荒廢掉一整個世界，恰恰是因為它像真菌一樣在表面上傳播。{拜納按：一旦思想與惡扯上關係就會失敗，因為這裡空無一物。} 唯有善是具有深度且根本性的」。

54 對於鄂蘭的惡之平庸主題的可靠描述，參見 Henry T. Nash, "The Bureaucratization of Homicide," in *Protest and Survive*, ed. E. P. Thompson and Dan Smith (Harmondsworth: Penguin, 1980), pp. 62-74.

德與政治的普遍危機：判斷的傳統標準不再具有權威，[55]終極價值不再具有約束力，政治文化與道德文化的規範也變得極端脆弱。在此情境中，我們最多能希望的就是在一個理想的判斷共同體之中「達成判斷上的合意」。最大的危險在於逃避判斷，在於惡之平庸，其危險在於「在千鈞一髮的時刻」，自我會向邪惡力量投降，而非行使自主的判斷。只要我們仍然會在眾多事物之間區辨出好與美，只要我們仍然會在品味與政治上來「選擇我們的夥伴」，也就是說，只要我們拒絕放棄我們的判斷能力，那麼一切就都還有挽回的餘地。

同樣的主題以非常有趣的方式出現在鄂蘭與優納斯（Hans Jonas）的對話當中，這一對話發生在一九七二年十一月舉辦於約克大學的一場以「漢娜鄂蘭的作品」為主題的研討會上。該對話的會議記錄最近已在希爾（Melvyn Hill）所編的《漢娜鄂蘭：公共世界的恢復》（*Hannah Arendt: The Recovery of the Public World*）一書中刊出。[56]

> 優納斯：在我們所有的存在與行動的根底之處，存在著想要與他人共享世界的欲望，這

---

55 參見本文第二節；也可參見 Arendt, "Tradition and the Modern Age," in *Between Past and Future*, pp. 17-40.

56 *Hannah Arendt: The Recovery of the Public World*, ed. Hill, pp. 311-15.

一點是無可爭議的，但是我們是想要與某些人共享某種世界。如果政治的任務就是使世界變成一個宜人的家園，那麼問題就在於：「何為宜人的家園？」

唯有形成某些有關人是什麼或應該是什麼的觀念，這一問題的答案才有辦法被決定下來。而且如果我們不能求助於某種關於人的真理，以使這種判斷具有效力的話，那麼答案就仍然無法被決定；需要被賦予效力的，還包括由此衍生的忽然發生在具體情境當中的政治品味判斷，特別是如果這關乎決定未來世界應當看起來是什麼模樣的時候，而我們現在必須處理的則是影響到世間萬物整體命運的科技發展問題。

康德並沒有純然訴諸判斷。他還訴諸善的概念。有這樣一種至高善的觀念，無論我們要如何界定它，都無傷大雅。而且它或許恰恰無法被定義。但它不會是一個完全空洞的概念，而是關聯著我們有關人是什麼的概念。換言之，那種在此被一致共識宣判死刑並打發掉的東西，不得不在某些地方被召喚回來，以便為我們帶來最終的指引。

我們做決定的力量遠遠超出了我們對當前情境與短期未來的掌控。如今我們行事或行動的力量已超出了這些問題範疇，因為它們不折不扣地涉及到對於某些終極事物的判斷、洞察或信仰（我對此持開放態度）。在二十世紀之前所理解的常規政治領域，我們可以處理次等重要的事情。而國家共同體的狀況確實不必然要由真正終極的價值或標準來決定。但是當問題如同現代科技所造成的處境這樣，關乎我們無可奈何地開啟的、且會影響到大地萬物整體情況以及未來人類整體情況的進程時，我就不認為我們能夠簡單地撇清關係，聲稱西方形上學已讓我們陷入困境，我們要宣告其破產，並訴諸可共享的判定；當然，我們並非用這種可共享判定來意指與大多數人或任何特定群體共享判斷。我們可以與眾人分享我們已經沒救了的判斷，但是我們必須提出超越這一領域的訴求！

鄂蘭並沒有真正直面這一有關共享式判斷的終極認知性地位的問題；她的做法是將論題導向歷史與社會學層面的考量。

鄂蘭：⋯⋯如果我們的未來應當取決於你現在所說的東西，也就是我們將會獲得自上而下為我們作出決斷的某種終極之物（當然，接下來的問題就會是誰來辨識出這一終極之物，什麼會是藉以辨識終極之物的規則，你在這裡就會陷入無限倒退，但是無論如何），我都會徹底變得悲觀厭世。如果情況確是如此，那麼我們就會迷失。因為這實際上要求出現一個新的神⋯⋯

比如說，我非常確定，如果人們仍相信上帝甚或是地獄，也就是仍相信存在某些終極之物的話，那麼整個極權災難都將不會發生。當時已不存在任何終極之物。而且你跟我一樣明白，當時不存在人們能夠有效訴諸的終極之物。人們也無法訴諸任何人。

如果你經歷過〔像極權〕這樣的情境，那麼你將會明白的第一件事就是：你**從來都無法**知道一個人會做出什麼樣的事情。你會對你的生命感到驚訝！社會所有階層皆是如此，無關乎人與人之間的各種區分。而且如果你想要做出一個總結的話，那麼你可以說那些仍堅信所謂舊價值的人，一旦被給予一套新價值，就會是第一批準備為此改變舊價值的人。而且我之所以為此感到擔心，是因為我認為在你給予某人一套新價值（或這一著名的「憑欄」〔banister〕）的時刻，你也可以馬上將它替換成新的價值。〔拜納按：鄂蘭在此指涉的是「**思無憑欄**」（*Denken ohne Geländer*），她曾創造出這一短語來表示，我們不再擁有一套安全的終極價值來引導我們思考的事實〕無論如何，這傢伙習慣的唯一事物就是擁有一個「憑欄」、一套價值。我不相信，我們還能以任何終極的方式，來穩定化我們所身處的可溯源到十七世紀的情勢……

如果形上學與這整個價值事業尚未坍塌，那麼我們根本就不必煩惱於這整件事情。正是由於這些事件的發生，我們才開始追問。

優納斯並沒有推進他的問題，而是後退了一步，像鄂蘭一樣主張判斷僅僅是對於實踐的一種消極性或限制性的檢視活動：

優納斯：我贊同鄂蘭的立場，亦即我們並不擁有任何終極之物，無論是透過知識，還是信念抑或信仰。而且我也相信，我們不能因為「我們如此痛切地需要它因此就應當擁有它」，就將它作為某種無可逃避之事。

然而，自知無知，這也是一種智慧。蘇格拉底式的態度就是知道自己不知道。了解自己的無知，這在行使我們的判斷力時具有重大實踐意義，畢竟這種判斷會關係到我們在政治領域的行動，關係到我們未來的行動、乃至影響深遠的行動。

我們事業當中蘊含某種末世論的傾向：一種內建的烏托邦主義，亦即朝向終極處境的傾向。如果缺乏有關終極價值的知識，或是缺乏何為終極所欲者的知識，以及讓世界適於人的有關人是什麼的知識，那麼我們至少就會想要逃避末世處境的出現。光是這一點，就不失為一種非常重要的實踐上的警示，我們可以由此得出的結論是，唯有透過有關終極之物的某種概念，我們才有資格開始進行某些事情。因此我所提出的觀點至少作為某種限制性力量，或許還是具有一定現實意義的。

鄂蘭自然對此表示贊同。

最終，鄂蘭在心智生命的能力與限制上，採取了一種明確的懷疑論態度。她告訴我們，思考「並不創造價值；它不會一勞永逸地發現何者為『善』；它不會確證既有的行為規則，而是會瓦解它們」。[57] 思考是蘇格拉底式的，也就是說是否定式的；它摧毀未經檢視的預設，而非發現真理。如果我們能夠成功讓自己與萬物存在的方式相和解，這便已足夠；判斷正是由於這一目的而不可或缺，因為它允許我們從生活的偶然性與眾人的自由行為中，汲取出那麼一點點愉悅感。

七、未能寫出的論著

> 畢達哥拉斯說，人生就像一場節慶；正如有些人來節慶上角逐競賽，有些人來做生意，而最優秀的人則是來當觀眾的，因此奴性的人在一生中追逐名利，而哲學家則探求真理。
>
> 第歐根尼．拉爾修

---

57 Arendt, "Thinking and Moral Considerations," p. 445; *Thinking*, p. 192.

在抱持贊同之情密切追蹤鄂蘭思想歷程的同好們當中，普遍存在一種觀點，這就是她的判斷理論本會是她一生著作的頂峰，而且她哲學思想的這最後一個篇章，也將會為先前篇章所遺留的諸多未解難題提供解答。我們先前曾引用的格雷的觀察就是一個典型代表：

> 對於了解她的思想，並與她維持密切關係的人來說，很明顯，她將判斷視為她佈下的一路奇兵，而且對於她在思考意志問題時似乎走入的困局，判斷不折不扣地就是那期盼已久的解方。正如康德的《判斷力批判》使其得以突破早先批判著作中的某些二律背反，她則希望透過仔細考察我們作判斷的能力，來解決思考與意志的困境。[58]

但是格雷提到的這種「困局」（impasse）究竟是什麼呢？判斷又是如何被設想為這一困局的解方呢？

要回答這一問題，我們就必須簡要地回到鄂蘭在〈意志〉末尾所抵達的節點。〈意志〉所關注的核心問題是人類自由的本性。鄂蘭所問的問題是：像意志能力這樣根本偶然且短暫

58 J. Glenn Gray, “The Abyss of Freedom—and Hannah Arendt,” in *Hannah Arendt: The Recovery of the Public World*, ed. Hill, p. 225.

的東西，如何能夠為人類自由提供堅實基礎？換言之，如果自由源自於某種像人類意志這樣私人且個人化的東西，那麼人們要如何確保自己的世間境況呢？鄂蘭在她的所有著述中，都一貫將自由描述為某種本質上具有世間性與公共性的事物，並且與政治行動所構成的有形世界相關聯。但是在她的最後著作中，鄂蘭卻將作為公共世界之行動的自由，溯源到意志的自發性、偶然性與自律性當中。這集中體現在她對聖奧古斯丁的新生性觀念的援引上：「人類、新的人們一再藉著出生而出現在這個世界。」、「人被造出，就有了開端，在此之前則無人存在。」[59]問題在於，這種絕對自發、絕對開端的前景，完全不是人們能夠輕易面對的，也不是人們能夠欣然擁抱的。於是我們常常會發現，甚至連行動之人也會收斂他們的革命進取心，尋找先例或歷史上的判準，以緩和自身行動那不受限制的新穎性。於是，即便使用聖奧古斯丁的新生性這一神蹟式的意象，用最受青睞的方式來進行描繪，意志仍然帶有強迫性的意味，而非積極的吸引力。畢竟，我們並沒有自己選擇要出生；這是某種落到我們頭上的東西，無論我們願意與否。問題仍然在於：如何確保自由？帶有根本偶然性的意志無法提供強有力的答案。鄂蘭將此形容為一種「困局」，從而轉向判斷能力，以作為擺脫此困局

59 *Willing*, p. 217. 聖奧古斯丁的引文出自*City of God* 12. 20。

的唯一道路。我們**生**而自由的觀念或多或少意味著，我們不過是注定自由的，甚或更糟，我們「定是」自由的。與此相反，判斷則讓我們在面對特殊者的偶然性時，經驗到一種積極的愉悅感。在這裡，鄂蘭的想法是人類共同感受到自由那「可畏的責任」是一種無法承受的重負，從而求助於諸如宿命論或是歷史進程論等各種學說來逃避；同時，讓人類自由得到確實保障的唯一方式，就是透過反思與判斷，來從眾人的自由行動當中引發出愉悅；而且對於鄂蘭來說，這最典型地出現在人們講述故事與書寫人類歷史的行為當中。按照她的觀點，政治最終是透過事後講述的故事來得證的。人的行動為回溯性判斷所救贖。

為了將鄂蘭的問題放置在適當的脈絡，簡要地回顧一下在康德三大批判中自由問題是如何被提出的，或許會對我們有所幫助。從第一《批判》的角度來說，現象世界所呈現的不過是理論沉思所需要的因果必然性。因此，為了使自由不至於完全被理論理性能力淹沒，康德將自由安置在實踐主體的本體性意志（noumenal will）當中。然而這裡的問題在於，自由似乎不再跟現象世界中發生的事情有任何關係，而且它要想維持下去，就只能從我們所生活的可感、可見世界中消失。根據鄂蘭的詮釋，反思性判斷提供的是這樣一種沉思形式，它不受限於我們所審視的必然性，同時也不會從人類行動構成的世間現象中抽離。因此反思性判斷就為我們提供了某種手段，讓我們從支撐前兩大《批判》的自由與自然之二律背反中獲得喘息的機會。

鄂蘭對判斷問題的思考採取了評論康德的方式，這要歸因於「能夠提供權威性佐證的相關資源出奇地匱乏。在康德的《判斷力批判》之前，這一能力從未成為重要思想家思考的重要主題」。[60] 為了開啟對這一材料的討論，我們有必要簡略地考察一下鄂蘭為構建其判斷理論而在康德著作中援引的資源，以便為她試圖從康德著作中獲得的東西，提供某種延伸性的闡發。

康德將判斷界定為一種將特殊者歸納收攝於普遍者之下的活動。他將判斷稱為「思考特殊者的能力」，[61] 而思考某個特殊者也就理所當然地意味著將它置於某個一般概念之下。進一步來說，康德還區分了兩種類型的判斷：在前者當中，歸納收攝所需要的普遍者（規則、原則或法則）被給予我們，而在後者當中則缺乏普遍者，從而必須以某種方式從特殊者中產生；他將前者稱為「規定性的」，後者稱為「反思性的」。[62] 這種判斷活動發生在我們遭遇

60 *Postscriptum* to *Thinking*, p. 4, above.

61 Immanuel Kant, *Critique of Judgment*, trans. James Creed Meredith (Oxford: At the Clarendon Pres, 1952), Introduction, sec. IV.

62 Ibid. Cf. Kant's *Logic*, trans. R. Hartman and W. Schwarz, Library of Liberal Arts (Indianapolis: Bobbs-Merrill, 1974), pp. 135-36, pars. 81-84.

到某個特殊者的時刻。這無關乎針對既定的**某種**對象提出一般性評論；而是**此**一特殊對象召喚判斷。判斷是對特殊者的探討，與對普遍者的探討相對。在將一朵特定的玫瑰歸納收攝在「美」的普遍範疇之內的行為中，我這樣判斷的原因，並非是我可以徵用這樣一種規則，亦即「屬於如此某某種屬的所有花朵都是美的」。情況應該是，我眼前這朵特定的玫瑰以某種方式，「產生」了美這一述詞。唯有經驗過這類的特殊者，並將其與此述詞相連接，我才能夠理解並適用普遍者。因此，審美判斷所涉及的就是對**這朵**玫瑰的判斷，而唯有透過某種延伸，我們才會將它拓展為對所有玫瑰的判斷。

康德還主張判斷活動（如他在「審美判斷批判」中所述）天生具有社會性，因為我們的審美判斷會參考一個共同或共享的世界，會參考在公共領域當中向所有判斷主體顯現的事物，而非僅僅考慮個人的私心念頭或主觀偏好。事關「品味」之時，我就絕不是僅為自身而判斷，因為判斷行為總是蘊含一種要（與他人）交流我的判斷的承諾；也就是說，判斷是在能夠說服他人接受其有效性的考慮下提出的。這種致力於說服的努力並非外在於判斷；實際上，是它支撐起了判斷的**存在理由**（*raison d'être*）。這是因為一旦缺乏我們在探求真理的實際溝通過程中達成的共識，就無法在認識論上獲得安全可靠的程序，以確保我們（的判斷）能夠與該對象相符。判斷是一種心智運作過程，我們藉此將自身投射到一個無利害反思的相對於事實的（counterfactual）情境當中，以便讓自己滿意，也讓一個由潛在對話者所組成的想像共同體滿意，而特殊者則已在這個共同體中得到了充分的評估。[63]

然而或許有人仍會提出異議：政治判斷與審美判斷都僅僅是相對的，它們取決於「觀看者的視角」。畢竟，對於康德來說非常關鍵的「品味」概念，其原初意涵指向那種關乎「更喜歡蛤蜊濃湯還是豌豆湯」的評斷。[64]無論是在審美還是政治領域，為什麼一種遠比這種評斷更為高尚的意義，要依照「品味問題」來確立呢？為什麼一個人的品味應該被認為比另一個人的更好或更糟呢？而且，如果這兩者的品味同樣好，那麼它們不是就相互毫不相關了嗎？正是為了給上述問題提供令人滿意的答案，康德才會在「審美判斷批判」中致力於主張審美判斷（以及由此延伸的其他關乎我們共同涉及之物的判斷類型）**並非**主觀相對的或自我中心的，即便它們的確沒有指涉一種能夠簡單地在認知上決定判斷的對象概念。進言之，康

63 參見哈伯馬斯晚近著作中的潛在共識與「理想言說情境」的概念。哈伯馬斯本人其實也承認自己在相當程度上受益於鄂蘭對康德判斷觀點的挪用。參見其 “On the German-Jewish Heritage” *Telos* 44(1980): 127-31）一文，他在其中將鄂蘭「為了構建合理性理論而重新發現康德對判斷的分析」的行為，形容為「一項極為重要的成就」（p. 128）。這是「構建成言說與行動本身的溝通理性的第一條路徑」，而且也由此構成了引導「連結實踐理性與普遍言談理念的溝通倫理規畫」的關鍵節點（pp. 130-131）。

64 Arendt, “The Concept of History,” *Between Past and Future*, p. 53.

德的品味詮釋意味著一種「主體間性」（intersubjectivity）的概念，由此界定的判斷既不是嚴格意義上的客觀的，也不是嚴格意義上的主觀的。不用說，康德並沒有使用「主體間性」一詞。他稱之為「多元主義」，並在《人類學》中將此界定為「一種沒有將自己當作整個世界，而是以世界中一位公民的身份來看待自身、展開行動」。[65]主體間判斷產生於眾主體所共同持有之物，更準確地說，是產生於他們**之間**的「居間物」（in-between）；也就是上述引文中康德所說的「世界」。眾判斷主體的「居間物」正是適宜進行判斷的對象領域，而我們在其上進行判斷的行為則展示了我們的品味。這種品味展示是一種社會關係，因為我們總是在努力尋求同儕的認可，總是想要讓他們認可我們作出的判斷的合理性，從而來肯認我們自身的「好品味」。雖然我們現在關注的是審美活動，但我們可以延伸自己的主張，以表明這種為我們的判斷而要求、贏得認可的過程，實為人類合理性的一項普遍特徵。[66]簡言之，我們可以用柏克（Burke）的話來回應那些斷言判斷之相對性的人：「如果不存在某些共通於所有人類的判斷與情感原則，無論是根據人們的理性還是激情來提出任何主張，都不足以

65 Kant, *Anthropology from a Pragmatic Point of View*, trans. Mary Gregor (The Hague: Nijhoff, 1974), p. 12.

66 參見 Stanley Cavell的文章：“Aesthetic Problem of Modern Philosophy”, in *Must We Mean What We Say?* (Cambridge, Eng.: At the University Press, 1976), pp. 73-96.

維持生活中的正常交流。」[67]

現在讓我們引入「審美判斷批判」中的一些基本概念。對康德來說，審美品味是非關利害的；是沉思而非實踐的，是自律而非他律的，一言以蔽之，它是**自由**的。為它賦予無關利害、自律、自由這些特質的，是審美判斷者、評論者、觀察者的一種能力，這意味著讓他們能夠透過宣稱自己擁有所有人（原則上）都能提出贊同與否的審美式經驗，來跳脫日常利害關係。所有人都共同擁有理解與想像的能力，擁有最終會將美歸諸審美對象的形式性互動。於是康德指出，「我們徵求其他任何人的贊同，因為我們擁有一個人人共同的根據」。[68]康德將共享判斷的這一根據稱作「共感」，並將其描繪為一種「公共感」（a public sense）而非私人感受。[69]康德是這樣描述這一要求獲得普遍贊同的過程的：「它說的不是所有人都**將會與**我們的判斷一致，而是所有人都**應當**與此協調一致。我在此將我的品味判斷作為共感判斷

---

67 Edmund Burke, "On Taste: Introductory Discourse," *A Philosophical Enquiry into the Origin of Our Ideas of the Sublime and Beautiful*, in *The Writings and Speeches of Edmund Burke*, Beaconsfield edition, 12 vols. (London: Bickens & Son, n. d.), 1: 79.

68 Critique of Judgment, § 19.

69 Ibid., § 20-22.

的一個範例，進而賦予它**範例**效力。」[70]我將共感設定為一種要求獲得普遍贊同，亦即獲得「不同判斷主體所達成之共識」的「理念性規範」。康德為自己設定的任務，就是為這種在理念上設定的「共感」追問其基礎。

在當前的脈絡下，康德著作中最重要的一個章節，就是《判斷力批判》的第四十節，其標題為「論品味作為一種**共通感**」。康德寫道：

> 必須藉由**共通感**來理解**公共**感的理念，也就是這樣一種評判能力，它在自己的反思中（**先驗地**）將其他所有人在思考中的再現模式納入考量，以便**彷彿**能根據人類的集體理性來衡量自己的判斷……這之所以能達成，是因為我們的判斷所根據的更多是他人僅屬可能的判斷，而非其實際判斷，而且透過從那些偶然影響到我們自身評斷的局限性中擺脫出來，我們得以置身於其他任何人的位置之上。

康德歸結出「普遍人類知性的三條格準」，它們分別是：(1)為己地思考；(2)在其他任何

70 Ibid., § 22.

人的立場上思考；(3)始終一致地思考。我們關心的是其中第二條，康德將其視為**擴大**式思考的格準，因為根據康德的說法，歸屬於判斷的正是這一格準（第一條與第三條分別歸屬於知性與理性）。康德觀察到，我們會將某個人形容為「具有**擴大心靈**的人……是因為他將自身從判斷中那種束縛了其他許多人心靈的主觀個人性條件中抽離出來，並從一個**普遍的立場**上（在這個立場上他只能透過將自己的根據轉換到他人立場上的方式來作出決斷）來反思自身的判斷」。康德總結說，我們可以理直氣壯地用**共通感**或「公共感」來指稱審美判斷與品味。這一特別討論出現在康德對品味的定義當中，他將之界定為「讓我們對於既定再現的感受無須憑藉概念中介，而獲得**普遍可溝通性**的能力」。

在共感、共識、擴大式心智這些概念之外，我們還可以根據康德的「何謂啟蒙」這篇短文來增添另一個概念，這就是「理性的公共運用」。在康德的討論脈絡中，理性的公共運用尤其屬於啟蒙時代的出版自由這一問題範疇。康德本人與普魯士審查機制之間發生的問題，已是世人皆知。[71] 但使這一概念獲得廣泛使用的是這樣一種想法，**亦即在公共領域當中**（*in*

71 譯注：康德的論著所具有的啟蒙精神，與普魯士政府的保守統治之間存在緊張關係，尤其是在思想保守的腓特烈．威廉二世繼位之後，因此康德在出版其著作時需要考慮如何應對政府的審查機制。

public）的思考乃是思考活動自身的構成要件。這種想法與人們廣泛接受的有關思考本質的預設相反，根據這種預設，思考可以在私人領域運作，其效用並不遜色於公共領域。康德質疑這樣的預設，並主張說將理念予以公開呈現，以便進行公共考量與論辯（就康德的情境來說，則是學者為了閱讀公眾的評判而將自己的思想付諸著述的權利），這對於啟蒙的進步來說是絕對不可或缺的（這不僅意味著思想一旦成形，就應該盡可能廣泛地進行推廣，而且還有更深一層的意涵，亦即在普遍基礎上進行的意見交換，**本身**就有助於推動這些思想的發展）。在康德看來，相較於對學者面向啟蒙公眾發表著述的權利進行限制，理性之**私人**運用所受到的限制，比如在某個特定文職職務上或在私人集會當中受到的限制，則並沒有讓自由遭受到那麼嚴重的侵犯。就自由主義思想的某項主要源頭來說，公共凌駕於私人的優先地位或許看起來會像是顛倒了自由主義的傳統階序。但是在這一點上，康德的態度是毫不含糊的：在家庭聚會或私人聚會當中，理性的運用對自由來說是可有可無的，然而在公共領域中的權利，亦即在面對「由世界公民所組成的社會」時，自由地將自己的判斷提交給公眾來檢視的權利，則對於自由、進步與啟蒙是絕對必要的，絕非可有可無。於是判斷的公共表態就獲得了凌駕於私人意見交換的優先性。此處主要關心的是世界，或一個由世界公民所組成的共同體，而我們訴諸他們的迫切程度甚至更甚於我們對自己周遭的人。判斷必須是普遍的，

而且必須是公共的；也就是說，它必須面對所有人，而且必須關乎那些顯現於、可見於所有人面前的公共事務。

這將我們帶向康德判斷理論中的下一個主導概念，亦即「觀察者」。我們先前曾提到，根據康德著作中的描述，審美判斷的首要特質包括非關利害、沉思以及擺脫一切實際利害關係。相應地，在康德的美學著作與政治著作中，判斷的完整特權就被賦予給，與藝術作品或政治行動維持一定距離並進行無利害反思的觀察者。在其「實用人類學」當中，康德的立場則更為模糊，因為實踐者似乎也在做道德抉擇或審慎選擇時，很顯然地行使了反思判斷與品味。然而康德著作中的主導模型或典範則是，首先由天才產生藝術作品，接著才將其提交給評論者的品味來檢視。判斷是回溯性的，並且是由局外者或旁觀者而非藝術家本人所提出。相應地，唯有脫離行動範圍的政治觀察者才有辦法針對發生在政治世界當中的事件，就其之於人類的重大意義作出非關利害的判斷。在康德自身時代所發生的重大政治事件，無疑正是法國大革命，而他也的確將其判斷理論適用於這一特殊經驗。

康德在《學院的爭議》第二部分（〈一個重提的老問題：人類始終在不斷進步嗎？〉）中，對法國大革命做出了引人入勝的評論，他特別強調的是，他關注的不是政治行動者的實際行為，而僅僅是：

觀察者的思考方式，它在大革命這場戲中公開揭示出來，並對某一方演出者展現出普遍而非關利害的同情，而同時反對另一方，即便這種偏向一旦被人發覺就會為他們帶來莫大風險。基於它的普遍性，這種思考方式也就證明了人類全體的一項特徵；而其非關利害性則證實了人性當中（至少就先天稟賦上）的一項道德特質。[72]

接著康德宣稱，儘管法國大革命中發生的眾多暴行會使它在道德上與**實踐上**引起反對，「但是它仍會在所有觀察者（自身並未參與這場戲的人）心中發現一種近乎狂熱的意願，且其表達本身就充滿了危險」。康德解釋道，正是對於純然的法權概念的熱情能夠為我們說明某種狂熱，憑藉這種狂熱，「並未涉入其中的公眾關切他們的同情對象，卻同時絲毫沒有任何參與協助的意圖」。[73] 值得注意的是，此處康德在政治判斷中區分出來的兩種特質（普遍

72 Kant, *On History*, ed. Lewis White Beck, trans. L. W. Beck, R. E. Anchor, and E. L. Fackenheim, Library of Liberal Arts (Indianapolis: Bobbs-Merrill, 1963), pp. 143-44 ("An Old Question Raised Again"). 【譯按】康德《學院的爭議》引文參考了康德著，李明輝譯注，《康德歷史哲學論文集（增訂版）》（新北：聯經出版，2013年），頁240-243。但為尊重作者的引用脈絡，仍有不少文句表述上的差異。

73 Ibid., pp. 145-46.

性與非關利害性），正同樣是康德歸諸審美品味的兩項突出標誌。這一著名段落毫不含糊地顯示出，政治判斷就像審美判斷一樣，是保留給旁觀者的。[74]

康德著作中的其他段落也證實了這種政治判斷概念。例如在《關於美感和崇高感的一些觀察》這本早期著作中，康德就提出作為伴隨性衝動的野心是最值得讚賞的（只要它還沒有去主導其他傾向的話）。「因為在每個人根據其主導傾向來行動的同時，他也會被某種隱秘衝動所驅使，想要在思想中採取外在於自身的立場，以便根據自身會在觀察者的眼中顯現出的何種樣子來判斷自身行為的外顯合宜性。」[75]

鄂蘭肯定這種判斷概念。對於她來說，判斷就像思考一樣，需要從人們的「當前作為」中撤離，以便反思其所作為者的意義。鄂蘭支持康德的想法，主張政治戲劇中的演出者只擁有偏頗的視角（這是就其定義本身而言的，因為他們只能演他們自身的「戲份」〔parts〕）

74 具有哲學頭腦的歷史學家們會關注那些「不應該被遺忘的」世界史現象，於是它們「會在任何有利時機被各民族召喚回來，以激發重現同等偉業的新嘗試」（Ibid., p. 147）——這也正是鄂蘭自己對革命進行歷史研究的方式！

75 Kant, *Observations on the Feeling of the Beautiful and Sublime*, trans. John T. Goldthwait (Berkeley: University of California Press, 1960), pp. 74-75.

而且「整體的意義」也就因此只能由觀察者來獲取。[76]此外，正如她在康德講座中闡述的，如果觀察者沒有被賦予首要角色的話，那麼就不會出現景觀。她寫道：

> 我們……傾向於認為，為了對一場演出進行判斷，就首先必須有這場演出，也就是說，相對於演出者，觀察者是次要的；我們容易忘記的是，如果還不確定是否有人會看，那麼任何頭腦正常的人都不會開始演出。康德相信，沒有人的世界會是一片沙漠，而且沒有人的世

76　參見 *Thinking*, p. 76. 鄂蘭在此提出，判斷「無論是審美的、法律的還是道德的，都預設了某種明顯『非自然』且深思熟慮的撤離，要從由於我在世間所處的位置、我所扮演的角色而帶來的牽連關係與直接利害偏袒中撤離出來」。也可參見 *Thinking*, chap. 11, "Thinking and Doing," pp. 92-97; and Kant Lectures, pp. 55 ff. 關於康德的「在你應如何行動的原則與你要如何判斷的原則之間」（Kant Lecture, p. 48）的衝突，可參見 Kant Lectures, p. 44，鄂蘭在其中表示觀察者的一般立場就是「不告訴人們如何**行動**」；她在另一處（p. 53）則評論說「來自審美判斷與反思判斷的洞察不會對行動產生任何實踐後果。」〈思考〉第十一章對思考與判斷的比較則闡明了鄂蘭自身的立場：即便作判斷的觀察者並未與哲學家一樣抱持孤獨或自足，但判斷仍像思考一樣以撤離為前提：「它並沒有離開現相的世界，但是仍從積極涉入世界的行為回撤到一個專門的位置上，以便對整體進行沉思」（*Thinking*, p. 94）。觀察者「脫離了屬於行動者的特殊性」（Ibid.）。上述文句並沒有顯示出，鄂蘭有任何嘗試克服「參與性、共同式行動與反思性、觀察式判斷之衝突的意圖」（ibid., p. 95）。我認為，她大概會追隨康德的做法，將行動與判斷視為由兩種不同原則所支配的領域，此二者無法被架接。

界對他來說，就意味著沒有觀察者。[77]

康德在某處指出，在人類歷史這一戲劇中，觀察者必須要辨認出某種意義，否則他就會對這永無止境的鬧劇感到厭倦。但是會對此感到厭倦的唯有歷史的**觀察者**，而非歷史的演出者，「因為演員們就是一些愚人」（按照鄂蘭的解釋，他們只能看到行動的局部，而觀察者則能觀看到整體）。[78]「觀看這出戲一段時間，或許會是令人感動且富有教益的；但終究還是必須落幕」。觀察者之所以感到厭倦，是因為「其實單單是一幕劇就足以讓他合理推斷出，這場永無止境的戲會永遠是一個樣」。[79]這不是康德將判斷描繪為一件令人厭倦、憂鬱之事的唯一案例。他在《人類學》中特別將判斷對立於機智（wit），其根據在於判斷「會限制我們的概念，而且更多地是致力於糾正，而非予以擴展。它是嚴肅而嚴格的，而且還會限制我們在思考上的自由。因此，即便我們用盡所有的榮譽來表彰它，它仍不受歡迎」。機智

---

77 Kant Lectures, pp. 61-62.

78 *Thinking*, pp. 95-96.

79 “On the Common Saying: ‘This May be True in Theory, but it does not Apply in Practice,’” in *Kant’s Political Writings*, ed. Hans Reiss (Cambridge, Eng.: At the University Press, 1970), p. 88.

像是遊戲：「而判斷活動則更像是正經事務。——機智更像是青春所綻放的花朵：而判斷則是歲月所結成的熟果。」、「機智感興趣的是調味醬：判斷感興趣的則是主食。」[80]柏克也呼應了上述文字，他同樣歸結出，相較於機智，判斷的任務「更為嚴肅且令人討厭」。[81]而且康德在《關於美感和崇高感的一些觀察》中描繪各種人類氣質時指出，區辨出憂鬱的人的主要標誌就是他毫不妥協的判斷：「他對自己與他人都是一個嚴格的法官，總是同時對自己與世界感到厭倦……他有變成一個空想家或怪人的危險。」[82]（鄂蘭對此補充說：「〔這〕顯然是一幅康德自畫像。」）[83]

鄂蘭認為，由於康德絕望地尋找一條道路來逃離由判斷活動所造成的憂鬱，因此在他政治判斷理論內部出現了一種重大張力。逃離的一種手段就是透過人類進步的理念，或是透過歷史具有意義的觀念。然而根據鄂蘭的想法，這種假說會與非關利害的觀察者所擁有的絕對至高地位產生矛盾，因為觀察者是自律的，從而是完全獨立地站在歷史實際進程之外。這種

---

80 *Anthropology from a Pragmatic Point of View*, trans. Gregor, p. 90.
81 Burke, "On Taste," *A Philosophical Enquiry*, in *Writings and Speeches of Edmund Burke*, Beaconsfield ed., vol. 1, p. 88.
82 *Observations on the Feelings of the Beautiful and the Sublime*, ed. Goldthwait, pp. 66-67.
83 Kant Lectures, p. 25, above.

觀點在康德講座的最後段落中變得格外清晰：

我們談論行動者的片面性，他們因為身涉其中而從來都無法看到整體的意義。所有故事盡皆如此；黑格爾說得完全正確，哲學就像密涅瓦的貓頭鷹，只有在白天將盡、薄暮時分才會展翅飛翔。但是，對於美，或其他任何在其自身的事情而言，情況卻並非如此。用康德的術語來說，美就是目的本身，因為它所有可能的意義都包含在它本身之中，不涉他者——可以說，與其他美的事物無涉。康德本身就有這個矛盾：無限進步是人類的法則；與此同時，人的尊嚴要求根據一個人的特殊性來看待他（我們每一個人），並進而被視為反映一般的人類狀態——但並未作任何比較，也獨立於時間。換言之，進步理念本身——如果進步不僅僅是某種形勢改變與世界改善——就與康德對於人類尊嚴的觀念相矛盾。相信進步就是違背了人的尊嚴。更甚者，進步意味著故事永無終結。故事本身的終結落於無限的過程。要我們如同歷史學家一樣佇足並回顧過去，是沒有道理的。[84]

---

84 Ibid., p. 77.

在這些總結文字的啟發下，我們得以開始闡發鄂蘭那兩段引文的意義，第一段引文（它也被引用在〈思考〉後記的末尾）譯作：「勝利取悅諸神，但失敗則取悅加圖。」第二段引文出自歌德《浮士德》第二部第五幕第一萬一千四百零四行到一萬一千四百零七行，或許可譯成：「如果我能夠與魔法徹底分道揚鑣，／並徹底忘卻所有的咒語，／大自然啊，我將單純地作為一個人而站在你面前，／這樣才有努力做人的價值。」（在此之前的詩句是：「我尚未贏得通達自由的道路。」〔Noch hab' ich mich ins Freie nicht gekämpft〕這一詩句必須根據該節開頭所表露的總體意向來閱讀。[85]）至少第一段引文的重要性是清楚的：歷史的「奇蹟」給歷史觀察者帶來了非關利害的「愉悅感」。我們會想到政治史上的一系列事件，它們全都是不幸的，希望在其中僅僅閃現了一瞬間：一八七一年的巴黎公社，一九〇五年與一九一七年的俄國**蘇維埃**，一九一八到一九一九年在德國出現的巴伐利亞蘇維埃**共和國**，一九五六年的匈牙利起義；這些都是鄂蘭熱衷援引的例子。[86]縱然注定要失敗，但這些「奇蹟」般

---

85 譯注：《浮士德》引文的故事脈絡是，浮士德致力於填海圍墾的事業，卻因為一對老夫婦不肯搬遷而遭遇阻礙，這時魔鬼梅菲斯特受託處理此事，卻造成了殺人燒屋的慘劇。浮士德為此感到嚴厲的良心譴責，悔恨自己與魔鬼的交易。

86 參見 *On Revolution*, pp. 265-66. 如今在這個範例清單中，或許可以再增添上另一筆：一九八〇到一九八一年的波蘭工人反抗運動。【譯按】波蘭工人反抗運動始於一九八〇年八月的造船廠罷工，最終雖然未能推翻共產政權，但仍催生出影響深

的時刻是完全不可預期、完全自由的，我們還可以將華沙猶太區起義（Warsaw Ghetto resistance）算入這一行列：「我們當中任何人都不會活著離開。我們不是為了拯救自己的生命而戰，而是為了人類尊嚴而戰。」[87]對於鄂蘭來說，作判斷的觀察者（歷史學家、詩人、說故事的人）將這些獨一無二的事件從歷史的遺忘中挽救回來，從而救回一部分的人類尊嚴，否則它就會在參與了注定失敗的事業的人們身上遭到否定。

這類事件擁有的是「範例效力」（exemplary validity），這是鄂蘭根據康德而提出的說法。藉由以「範例」的形式來關注**作為**特殊者的特殊者本身，作判斷的觀察者得以揭示出普遍者，同時卻不會將特殊者還原到普遍者之中。範例有辦法承擔起普遍意義卻同時**維持**其特殊性，而在這種情況下，特殊者並非僅僅扮演揭示某種歷史「趨勢」的角色。唯有透過這種方式，我們才有辦法維護人的尊嚴。

以同樣的方式，我也為更難以捉摸的第二段引文提供一種解釋。這兩段引文的共通之處

遠的波蘭團結工會，埋下了一九八九年東歐革命的種子。波蘭的反抗運動在當時引發了世界的廣泛關注，而對於本書的編者、本文的作者拜納來說，則是當下正在發生的事件（本書出版於一九八二年）。

87 Ari Willner, Jewish Combat Group, Warsaw Ghetto, December 1942 (quoted in an article by Leopold Unger in the International Herald Tribune).

在於，它們都關注人的價值或人的尊嚴。雖然在詮釋這些德文詩句方面我不可能有完全的把握，但是我可以把鄂蘭所理解的意思表述為：人的價值或尊嚴要求我們掃除《心智生命》中所說的「形上學謬誤」，其中最有害的就是形上學的歷史理念。使判斷得以可能的不是人類的集體命運，而是「單個人自身」，是不受形上幻夢所擾、站在自然面前作判斷的觀察者。比起如黑格爾或馬克思所勾勒的歷史的絕對終局，觀察者的判斷對於保障人類尊嚴更為至關重要。最終的審判者並非大寫的歷史，而是歷史學家。

現在讓我們來看看，我們是否已經可以在心智生命的整體脈絡中，將「判斷」放置在合適的位置上，是否已經能夠在鄂蘭哲學的總體架構中揭示其意涵。鄂蘭的《人的條件》在書名上有些誤導人，因為它實際上只處理了人的條件的一半內容，亦即**行動生活**。鄂蘭自己確實也是將這部著作命名為《行動生活》，並將人的條件的另一半，亦即**沉思生活**（*vita contemplativa*），留待之後再處理。[88]當鄂蘭在最後著作中又回歸到她只完成了一半的計畫時，她將**沉思生活**替換為「心智生命」這個更為寬泛的用語。在意志活動當中本就缺少沉思成分，甚至就連思考與判斷，也由於被認為是適用於所有人的心智活動，而讓我們禁不住要

88 Arendt, *The Human Condition* (Chicago: University of Chicago Press, 1958), pp. 5, 324-25; *Thinking*, p. 6.

懷疑，它們是否還能算作早先由哲學與形上學沉思者們所享有的專屬特權。《心智生命》是參照康德的三大批判構建起來的，而對於康德來說，沉思早已不再是人類生存的終極判斷標準。深入的反思、思辨、提出無法回答的問題以及意義追尋，這些都不再像傳統上認知的那樣僅屬於沉思者的特權，而是已經擴展到人類的共同活動範疇之中，是人們對於專屬人類之能力的運用。於是鄂蘭在《心智生命》中提出的問題就是：這些典型的人類心智活動或心智能力到底是什麼？在心智生命的現象學中揭示出來的，思考自我、意志自我、判斷自我所固有的能力、能耐與潛能為何？

《心智生命》跟《人的條件》一樣被視為三重結構，其中「判斷」在〈思考〉與〈意志〉之後，構成第三部分。因此，理解、評估《心智生命》三部分之間的關係，就是很重要的事情。根據鄂蘭的說法，這三種心智活動不僅彼此之間是自律的，而且相較於其他心智能力，也同樣如此。[89]

89 有學者對鄂蘭有關康德論判斷自律性的詮釋提出了有說服力的批評，參見 Barry Clarke, "Beyond 'The Banality of Evil,'" *British Journal of Political Science* 10 (1980): 417-39.

思考、意志與判斷是三種基本心智活動；它們無法彼此派生出來，而且它們即便擁有某些共同特徵，也無法還原到某個共同母體之上。

我之所以將這些心智活動稱為基本的，是因為它們是自律運作的；它們中的每一個都遵循內在於其活動自身的法則。

在康德看來，是理性與它的「調配性理念」來幫助判斷力；但是如果這一能力是獨立於與其他心智能力的，那麼我們就必須賦予它自己的**運作模式**（*modus operandi*），即它自己的進行方式。[90]

鄂蘭特別在意的是，要建立這些活動相對於智性的自律地位，因為如果將思考、意志與判斷隸屬於知性認知之下，就會剝奪思考自我、意志自我、判斷自我的自由。在〈思考〉中，主張這種自律性的方式是區分真理與意義。在〈意志〉中，進行的方式則是對立董思高（Duns Scotus）與聖托馬斯，並主張前者對於意志現象有著比後者更深刻的洞察。根據我的推測，在解釋「判斷」的時候，達成同樣對立結構的方式會是，肯認反思判斷的非認知式運

90 這三段引文分別出自*Thinking*, pp. 69, 70, and *Postscriptum* to *Thinking*, p. 4, above.

作模式與知性的認知式運作模式這一康德式的二律背反。這將幫助我們解釋為什麼鄂蘭會在〈意志〉末尾表示，分析判斷能力「至少能告訴我們在愉悅與不悅之中涉及什麼因素」。[91]她還指出，在《判斷力批判》的兩部分中，康德都沒有提到作為認知存在者的人：「真理一詞並未出現。」[92]同樣地，她還說認知性主張「確切來說並不是判斷」。[93]判斷並非源自於對我們所知者的再現，而是源自於我們所感者的再現。

這種闡述明顯與她早前的某些表述有所衝突。尤其值得注意的是〈何謂自由〉中的一段奇特文字，在其中行動被認為是處於意志、判斷與智性的如下關係當中的：

> 行動的目標會變動，而且視世界的形勢變化而定；目標的認知則與自由無關，而是涉及正誤判斷。意志是一種獨特且獨立的人類能力，它緊隨在判斷之後，亦即在認知到正確目標之後，進而下達執行。命令、指揮行動的權力無關乎自由，而是力量強弱的問題。
>
> 只要行動是自由的，就既不接受智性的引導，也不聽從意志的指揮；即使在執行特定目

---

91 Willing, p. 217.

92 Kant Lectures, p. 13, above. Cf. *Hannah Arendt: The Recovery of the Public World*, ed. Hill, pp. 312-13.

93 Kant Lectures, p. 72; cf. p. 71.

標時，它仍然會需要這兩者。[94]

根據上述闡述，自由的不是意志而是行動，而判斷則被關聯於智性（如同聖托馬斯的做法）。與此相反，在鄂蘭後期的說法中，意志與判斷都被視為自由的，這種自由對於鄂蘭來說，就意味著不從屬於智性。[95]

「判斷」（或就我們有辦法予以重構的樣態來說）整體上是與〈思考〉與〈意志〉綁定在一起的。這三者都與時間、歷史的概念具有強烈的關聯。思考的時間性概念是某種「永久的當下」；意志的時間性概念則是未來導向的。[96] 意志能力不斷提升的優勢地位（如海德格所見證的）催生出現代的歷史進步概念，這反過來對判斷能力造成了威脅，因為判斷仰賴與**過去**的真實關係。由於我們擁抱了人類進步的觀念，進而將特殊者（事件）從屬於普遍者

---

94 Arendt, “What is Freedom?” in *Between Past and Future*, p. 152.

95 參見Thinking, pp. 169-71：「心智活動的自律性表明它們是不受條件限制的……雖然人們在實際生存上是完全受條件限制的……但是在心智上卻可以超越所有這些條件，不過僅僅是在心智層面，而非在現實層面，**或在認知、知識層面**，人們終究是要靠這些才得以探究世界與自身的真實」（黑體為筆者所加）。

96 See ibid., chap. 20, and *Willing*, Introduction and chap. 6.

（歷史進程）之下，我們也就放棄了藉由對特殊者進行在其自身的判斷（並擺脫它與人類普遍歷史之關聯）而獲得的尊嚴（鄂蘭正是在這一脈絡下援引康德的範例效力理念的，這意味著範例揭示出一般性卻沒有撤銷特殊性）。

粗讀之下，我們不容易看出康德講座中的各種主題是怎麼被關聯起來的。讓我們再思考一下講稿的最後文字：相信進步就意味著「不存在讓我們佇足其上並以歷史學家的目光來回望的節點」。為什麼講稿恰恰在這裡**停筆**呢？鄂蘭的思考僅僅是在這個節點被暫時打斷，而一旦她重新致力於寫作「判斷」就會超出這一節點，繼續前進嗎？或者說，我們是否已經有辦法建立某種潛在的融貫性，從而允許我們將此視為一個自然而然的終點，並且猜想「判斷」的完成版恐怕也會在末尾敲出同樣的音符？我要主張的是，如果我們認真閱讀〈思考〉末尾的文字，那麼「判斷」的內在結構將會變得一覽無遺，而且還將完美解釋當前這個版本末尾的文字。

在〈思考〉後記當中，鄂蘭寫道：

> 最終，在這些問題上我們別無選擇。我們要不就跟隨黑格爾聲稱：**世界歷史就是最後審判**，將最終的判決交給勝利；不然的話，我們就必須追隨康德的主張，堅持人類心智具有自

律性，而且它們有可能獨立於事物之所是或事物之已成。

我們在此將不得不（並非第一次地）關注歷史的概念……荷馬的歷史學家就是**法官／判斷**。如果判斷力是我們處理過去的能力，那麼歷史學家就是一個探究者，他透過描述過去來對其進行審判。如果是這樣的話，我們就可以重新拾回人類的尊嚴，從現代稱之為歷史這個偽神中贏回尊嚴，而沒有否定歷史的重要性，只是否定歷史作為最終判官的權利。老加圖……曾為我們留下一句奇特的短語，恰當地總結了從開疆拓土事業裡暗示了的政治原則。他說：「勝利取悅諸神，但失敗取悅加圖。」[97]

對於鄂蘭而言，有關判斷理論要在康德與黑格爾之間做出最終選擇，也就是要在自律性與歷史之間選擇（其前提是康德自己確實有在這兩個選項之間徘徊過）。[98]有一種判斷概念

---

97 *Postscriptum* to *Thinking*, p. 5, above. 有關「最後審判」（Weltgericht），參看 A. Kojève, "Hegel, Marx and Christianity," *Interpretation* I (1970): 36.

98 參見 Kant Lectures, pp. 76-77. 這裡且容筆者插一句話，我們可以指出這種觀點背後隱含的推論：亞里斯多德在《尼科馬哥倫理學》第六卷論實踐智（phronēsis）的章節中解釋了實踐判斷，但他並非是真正的競爭對手；唯有黑格爾才對康德構成了貨真價實的挑戰。

是最終跟歷史概念綁在一起的：如果歷史是進步論式的，則判斷就會被無限延遲；如果歷史終結，則判斷活動就被阻斷了；如果歷史既不是進步論式的也沒有其終點，那麼判斷就會回到歷史學家個人手中，他將意義賦予過往的個別事件或「故事」。

該後記表明，康德講座充分反映出「判斷」卷預定的完整結構，因為它清楚告訴我們「判斷」最終會回到歷史概念，而康德講座事實上也正是結束在這裡。

八、一些批判性的問題

討論至此，我已嘗試釐清鄂蘭思考「判斷」活動的內在結構。現在我希望來處理某些問題，以便為最後的批判性評估掃清道路。首先，讓我總結一下，在康德為政治判斷理論所做出的貢獻中存在哪些基本要素。第一，在反思性判斷與規定性判斷之間做出的區分，這種區分被表述在《判斷力批判》的導論中，也被界定在康德的《邏輯學講義》中。第二，擴大心智、非關利害性、**共通感**等概念，這些概念是在〈審美判斷批判〉、尤其是第三十九、四十節中發展出來的。第三，觀察者的觀念，它出現在《學院的爭議》（第二部分：「一個重提的老問題」）中針對法國大革命的討論中；這一觀察者概念也出現在康德的《關於美感和崇高感的一些觀察》及其他著作中。第四，康德在《人類學》中對社會品味進行的更為詳盡的考察，這部著作同樣詳細分析了理性、知性、判斷這些認知性能力，而且還借用了英國經驗論哲學家的一些觀點，來討論機智與判斷之別。第五，「理性的公共使用」這一觀念，我們可以在〈何謂啟蒙〉這篇短文中找到對它最清晰的表述。最後，則是分散在康德其他著作中的有關判斷的討論，比如他討論「理論與實踐」的文章，以及《教育論》。正是這些要素構成了康德式政治判斷的理論資源。但是這裡存在一個問題：康德真的是形塑判斷理論的唯一、甚或是最佳理論資源嗎？對於判斷這種鄂蘭奉為獨立不可縮減或「自律」的能力，她真的完全訴諸康德來予以闡釋嗎？還是說，判斷其實更廣泛地涉及到不同的能力，並以多種方式運作？

在追問這些問題之前，我們最好先概述一下《判斷力批判》為我們提供的判斷理論。康德理論不易理解，而且常常會讓人困擾，但是我們仍可以頗為粗略地將其審美判斷說歸結為：所有人都擁有兩種能力，亦即想像力與知性力。想像力對應著自由感；而知性力則對應著遵從規則的意識。當我們以康德稱之為「反思」行為（相對於直接領會掌握對象的行為）的方式，向自身再現一個審美對象的形式時，該再現的某些形式特質就會使這兩種能力進入相互和諧一致的狀態，這會回過頭來在主體身上產生一種愉悅感。於是不同於感官判斷，品味判斷是「反思性的」，因為這種愉悅感固然指向在主體身上激起的愉悅或不悅的感受，卻是源自於一種第二序的再現；這種再現並非限制在以對象為直接愉悅感來源的經驗上，而是對我們的經驗對象進行「反—思」（re-flect），或說回過頭來予以檢視。審美判斷據以為基礎的這種愉悅感是一種中介化的或第二序的愉悅，它產生於反思活動；它不是一種直接的滿足。由於所有人類主體都擁有這兩種能夠藉由其相互和諧狀態產生此愉悅感的能力，因此我們可以合理期待其他人有能力獲得我們在既定審美形式上獲得的經驗，正如我們也可以嘗試將自身投射到他們面對這一對象的經驗當中。這當然不意味著我們要期待他們**將會**實際贊同我們的判斷；這僅僅意味著他們**應當**要贊同，如果他們清除了不相關的外部影響，而且也做出了必要的努力來從不同視角看待該對象的話。根據康德的想法，我們不需要找到實際存在的其他判斷，因為我們可以運用**想像力**來反思潛在的其他立場。我們可以想像事物從其他人的視角來看**會**如何，而無須真的在事實上與他們共同在場。一旦我們未能將自身從「不斷影響我們自身評斷的限制」中解放出來，[99]這種訴諸「擴大心智」的活動就會失敗。換言之，審美想像失敗的原因被歸結為沉溺於「經驗性利害關係」的狀態，這會讓品味判斷被感官判

---

99 *Critique of Judgment*, § 40.

斷或純然的滿足所壓倒。

有人可能會反對說，這種解釋似乎過度形式化了，而且看起來只適用於到一個非常狹隘的審美經驗範圍（更準確地說，這只適用於雕塑、繪畫，而非戲劇；詩歌，而非其他類似小說這樣的文學形式；攝影，而非電影），但是一旦我們考慮到康德對判斷的「批判」所意圖達成的**目的**，那麼這種反對就會自動消失。康德所關心的，是考察審美判斷之效力的**可能性條件**。他設定問題的方式是提問說，既然我們有時候作出了有效的審美判斷，那麼**這是如何可能做到的**？而他的回答則是：「我們之所以會要求得到其他任何人的同意，是因為我們身上配備了所有人共同擁有的根據。」[100] 這種共同根據的具體性質則要求我們對人類的認知能力進行高度形式性的探究（即便品味本身並沒有被康德是為一種認知能力，因為它涉及的不是我們之所知，而是我們之所感）。如果他能夠揭示出共享判斷的**某種**基礎（無論是多麼形式性的），那麼他將會成功為品味判斷之效力的可能性確立先驗性基礎。縱使我們的**某些**判斷以截然不同的方式運作，這也完全不會與康德證立、正當化品味主張的計畫相矛盾或不相容。

---

100 Ibid., § 19.

簡言之，康德為何為作判斷提供了高度形式化的解釋，因為他所關心的不是這個或那個判斷的實質性特徵，而是確保我們判斷之可能性效力的普遍條件。將此種解釋適用於政治的想法固然有些匪夷所思，卻不是完全不可理喻的。政治事件是公共性的，它們向有所關注的觀察者目光展露自身，並構建起一個適於進行反思的現相領域。從現象學的角度來說，政治同時喚起了想像力的自由與知性力的規則遵從。一種如此形式化的理論，或許不足以為政治判斷的概念提供充分的證成，但是它無疑為進一步的思考提供了令人興致盎然的刺激。

現在讓我們來思考這其中存在的一些困難。首先，我們會很明顯地在康德的上述解釋中看到如下缺失：一方面是它不關注判斷中的各種知識問題，另一方面是它也沒有提供認知能力的任何具體性質，而正是這些能力或多或少地讓人們擁有作判斷的資格，像是判斷中所有與審慎（prudence）觀念相關的面向。在康德有關判斷的討論中，我們發現他從來都不關注經驗老到、成熟穩重、習性良好，這些傳統上會視為行動者擁有實踐智慧之標誌的特質。審慎概念明確被康德排除出實踐理性之外，因為理性深深地與他的道德哲學綁定在一起。即便他的道德哲學與政治哲學在許多面向上存在張力，他仍然將拒絕審慎的態度帶入其政治思想當中，其結果就是他將經驗視為與政治判斷全然無關之物，因為政治無關乎經驗性的快樂，而是關乎不證自明、無可爭辯的權利。[101]他將審慎設想為藝術與技巧當中的一系列「技術—實用」規則，尤其是涉及如何對眾人施加影響力並讓眾人的意志服從於一人的那種統治規則。[102]於是他把它歸入他所界定的「假言令式」（hypothetical imperative）當中；比如，假使我想要達成某個特定目的，那麼審慎就會為我們決定藉以達成此目的的工具性手段。用康德的話來說，這是一種「準—理論」（quasi-theoretical）的能力，而非真正的實踐能力，這樣的處理方式就將審慎縮減為亞里斯多德意義上的一門**技藝**（*technē*）了。我們或許還記得，**審慎**（*prudentia*）原本是聖托馬斯用來對譯亞里斯多德的**實踐智**（*phronēsis*，它並非純粹的**技藝**，而是囊括了所有的倫理考量與有關合宜人類目的的決斷）的拉丁語術語。因此，如果我們想要檢視康德判斷理論的充分性，我們就必須回到亞里斯多德《尼科馬哥倫理學》（*Nicomachean Ethics*）的第六卷，因為我們需要在那裡追溯審慎或**實踐智**這一術語的淵源。我們通常將「實踐智」譯為「實踐智慧」（practical wisdom），它構成了該書第六卷的核心；其他所有概念，比如**認知**（*epistēmē*）、**技藝**（*technē*）、**努斯**（*nous*）、**智慧**

---

101 *Kant's Political Writings*, ed. Reiss, pp. 70-71, 73, 80, 86, 105, 122.

102 *Critique of Judgment*, Introduction, sec. I; *Foundations of the Metaphysics of Morals*, trans. Lewis White Beck, Library of Liberal Arts (Indianapolis: Bobbs-Merrill, 1959), pp. 33 ff.

（*sophia*）、政治**認知**（political *epistēmē*）、審議（deliberation）、知性（understanding）、判斷（judgment）、**德性**（*aretē*），全都圍繞這一核心概念而展開討論，並透過與之進行比較、對比的方式而相互關聯在一起。

亞里斯多德與康德之間的對峙，會引發如下嚴重問題。首先，究竟是觀察者完全獨占了判斷，還是政治行動者也能夠行使判斷的能力？如果是後者的話，那麼判斷的責任究竟是如何在行動者與觀察者之間分擔的呢？其次，唯有非關利害關係性構成了判斷的決定性判準，還是說類似審慎這樣的其他判準也同樣必不可少呢？這裡關乎目的論問題（是亞里斯多德，而非康德意義上的），以及審美判斷與目的判斷之關係的問題。如前所見，康德將審美判斷視為純然沉思性的，是脫離了任何實際利害的。相應地，品味判斷必須抽離於任何有關**目的**的考量；審美判斷則必須無涉於目的論。但是**政治**判斷能夠抽離於實踐目的之外嗎？一種嚴格的非目的論式的政治判斷的概念，能夠維持融貫一致而不自我矛盾嗎？這又反過來引發了更多的問題。比如，在政治判斷中修辭學（rhetoric）居於何種地位？這兩者是否必然會相互關聯？由於康德業已將目的論驅逐出品味判斷，因此他會基於將審美活動敗壞為追逐目的之罪名而譴責修辭學，也就不令人意外了。[103]但是如果追求目的無法與政治判斷（與審美判

103 參見 *Critique of Judgment*, § 53.

斷相反）相分離，而且還構成了後者的重要因素，那麼修辭學不也同樣與政治判斷存在根本性的關聯嗎？亞里斯多德對於政治判斷的某些最重要的思考，就蘊含在他的《修辭學》（*Rhetoric*）當中；我們在此再度遭遇到了質疑康德理論之充分性的問題。

康德還從品味中排除了他稱之為「經驗性利害」（empirical interests）的東西，比如社交偏好與激情。他為我們提供了「各種魅力」（charms）的例子，它們之所以被人看重，是因為具有社交吸引力。[104]對於康德來說，魅力不屬於審美判斷的範疇，因為審美判斷必須是**先驗**且純然形式的，而非純粹感官活動的產物。於是人們評斷一個審美對象，就必須根據它的形式，脫離了任何它可能會喚起愛或同情之情感的形式。同樣的，根據康德的解釋，訴諸同伴的判斷，也是一種純然形式性的要求，全然無關乎共同體中的任何實質性關係（因此他一再將判斷界定為一種**先驗上**的能力運用）。[105]在對審美對象提供給心智反思活動的形式構造

---

104 Ibid., §§ 13-14.

105 例如 Ibid., §§ 12, 40-41. 鄂蘭從未認真考慮過這種「**先驗**」被賦予了何種的效力，她也沒有真正面對那種預設我們要（**先驗地**）訴諸的判斷共同體之性質為何的問題。鄂蘭堅持將康德的「*allgemein*」譯為「一般的」（general）而非「普遍的」（universal）（參見康德講座注 198）；然而，無論這其中包含了多少的特殊性，都仍然不意味著我們有將判斷關聯於任何特定的人類共同體。

進行判斷時，我所要求的是人性（視之為一個形式上的判斷共同體）的同意，[106]而非任何特定社會的同意。無論是我自身所屬的共同體還是其他任何共同體，其實質需求、目標以及特定目的，都全然與判斷並不相關。上述這一系列問題，都在高達美（Hans-Georg Gadamer）對康德式美學的批判中以最尖銳的方式被提出來了。在《真理與方法》（*Truth and Method*）第一卷中，高達美主張康德將先前具有重要政治、倫理意涵的**共通感**觀念予以「去政治化」（depoliticize）。根據高達美的說法，康德那形式性、狹隘化的判斷概念，掏空了這一源自古羅馬的古老概念所具有的相當豐富的道德—政治性內容。康德彷彿就此從「共感」身上剝奪了其**古羅馬**意涵的豐富內容。高達美還援引了維柯、沙夫茨伯里（Shaftesbury）以及最為重要的亞里斯多德，以作為康德的反例。從高達美的亞里斯多德式立場來看，康德「智識化」（intellectualize）了**共通感**；「美學化」了原本被理解為一種「社會—道德性」能力的品味能力；極度狹隘地設定、限制了包括判斷在內的多種概念的範圍；而且還無一例外地將這些概念抽離於與共同體的所有關係之外。進而，如果我們想要為政治判斷理論探索其他的可能性資源的話，那麼高達美的哲學詮釋學將會為我們提供一條非常具有前景的探討路徑，

---

106 *Critique of Judgment*, § 40: 我們彷彿是用「人性的共同理據」（*die gesammte Menschenvernunft*）來衡量我們的判斷。

它所呈現的詮釋學判斷理論規避了康德，並轉而訴諸亞里斯多德的倫理學。

如前所述，鄂蘭相當篤定地表示判斷不是一種認知能力。[107] 這推動我們去探究這樣的問題：反思性判斷究竟是否全然是非認知的，還是說它不可避免地會涉及到有關真實性的要求。與源自亞里斯多德的判斷理論相反，康德式的判斷理論將不會允許人們談及政治知識或政治智慧。這種從政治判斷中排除知識的理論所帶來的問題是，它使人們無法說哪些判斷是「無憑無據」的，也無法區辨獲取知識的不同能力，這種能力本可讓我們辨識哪些人較具判斷資格，哪些人較不具判斷資格。關於這一點的詳細闡述，我們可以關聯到哈伯馬斯那篇〈漢娜鄂蘭的權力溝通概念〉（"Hannah Arendt's Communications Concept of Power"）對鄂蘭提出的頗具說服力的批評：

> 鄂蘭在知識與意見之間看到了一個無法藉由論辯來彌合的巨大深淵。她堅守理論與實踐之間的古典區分；實踐仰賴的是，嚴格來說無法論其對錯的意見與信

---

107 在否定反思性判斷的認知性方面，鄂蘭很明顯依循了康德的說法，*Critique of Judgment*, §§ 1, 38：「品味判斷並不是一種認知性判斷。」

> 念……有一種過時的理論知識概念是建立在終極的洞見與確定性之上，它使鄂蘭無法領會那種圍繞實踐問題而達成一致的理性言談過程。108

哈伯馬斯主張，由於拒絕在理性言談的範圍內引入實踐言談，鄂蘭否定了後者的認知性地位，從而也就切斷了知識與實踐判斷的連繫。鄂蘭的想法是，一旦為政治信念指定某個認知基礎（這正是哈伯馬斯所尋求的），就會損害意見的完整性。然而，讓人感到困惑的是，如果不涉及**任何**認知性要求（從而也暗示著潛在地可被修正的真理性要求），我們如何能讓意見具有意義？或者說，為什麼要期待我們會認真看待那些完全不訴諸任何真理的意見（或是那些至少沒有主張自己比其他既有意見**更**具真實性的意見）？這似乎意味著，**全**人類做出的所有判斷，包括審美（當然也包括政治）判斷，都包含著一個必不可少的認知性面向。認知與非認知之間的嚴格對立，將任何認知性面向排除出審美判斷之外，這似乎忽視了即便是認知性判斷也具有的「反思性」因素（在反思意義上，疑難的認知判斷所要求的「判斷」或自由裁量因素）；它看起來同樣忽略了審美判斷在多大程度上要仰賴認知上的區辨與認知上

108 Jürgen Habermas, "Hannah Arendt's Communications Concept of Power," *Social Research* 44 (1977): 22-23.

的洞察力（例如，當我們**知道**一幅畫創作於哪一特定時期時，我們對它的鑑賞能力就會得到提升）。

如前所述，康德為判斷提供了一種高度形式性的解釋。只要我們仍然是在探討品味能力的先驗演繹，這就還是可讓人接受的。但是在某個節點上，我們必然要問：在政治行動者或歷史行動者的目的與意圖的**內容**當中，究竟是何種因素使得這些政治現相（political appearances）而非其他政治現相，更值得我們關注？在一個特定判斷的內容當中，究竟是何種因素使其成為一個有根據、可信賴且成熟老練的判斷，而非缺乏上述特質的判斷？[109]究竟是何者在實質上使一個人的判斷被認定為有辨別力、有見地或負責任的，而非擺脫掉外部影響或他律限制，而實現非關利害狀態與自由的**形式**條件？究竟是何種**實質**條件，讓我們得以在判斷主體上獲知其智慧與經驗，在判斷客體上獲知其合宜性與相關性呢？如果不在某個節點上引入上述問題，那麼將一種如康德般形式化的判斷理論置換為政治判斷理論的做法，就有可

109 康德**實際上**在他的《實用人類學》（如§§ 42-44）中討論了這些議題。或許應該說，如果要嘗試將康德品味概念運用在政治上，那麼我們可以從康德在「實用人類學」方面的洞見中獲益更多，因為在那裡我們會發現一種與第三《批判》完全不同的品味闡述。參見 *Anthropology from a Pragmatic Point of View*, §§ 67-71.

能會從對政治現相**之為**現相的真心讚賞，變味成將政治予以毫無根據的美學化。在這一關鍵節點上，鄂蘭如果參考亞里斯多德的話，就會處理得很好，因為亞里斯多德牢牢地將判斷放置在由政治審議、論辯辭令與政治共同體的各種實際目的、意圖所構成的脈絡之中。

如前所述，在將康德作為政治判斷理論的資源的做法中，存在著各種問題。然而從她後期的表述方式來看，這並不是她在康德那裡真正要尋求的東西。她的探討目標已經不再是一種**政治**判斷理論，因為根據她後來對問題的認知方式，這裡只存在**一種**完整且不可分割的判斷能力；它展現在各種情況當中，比如在美學評論的評斷當中，在歷史觀察者的評判當中，在說故事者或詩人的悲劇式裁決當中，而情況的多樣性並不會相應地影響到在該情況下具現的能力的性質。因此我們就無法將某種特別的能力認定為**政治**判斷；我們只是將作判斷的普通能力運用在政治事件（或是如鄂蘭會說的政治現相）上而已。這種狀況揭示出，在鄂蘭早期對判斷的思考（如我們在〈文化危機〉、〈真相與政治〉等處所見）與似乎作為她更明確說法的表述之間，存在著一種深刻的張力。在早期的表述方式中，我們發現有關判斷與「再現思考」、意見之關係的討論，這引導我們猜想判斷是一種由行動者在政治審議與政治行動中行使的能力（這原本導致鄂蘭將判斷稱為「人最具政治性的心智能力」，「人作為政治存有者最基本的能力之一」，乃至典型的政治能力）。但是這種思路在她後期的闡述中被隱然否定了。我們曾提到，在〈何謂自由〉中鄂蘭將判斷與知性或認知連繫在一起，這與她最終否定判斷是一種知性能力或認定它完全無關乎認知的做法，形成了尖銳的矛盾。在一九六五與一九六六年的未刊講稿中，鄂蘭走向了另一個極端，她將判斷界定為意志的一種功能（將其等同為**任意選擇的自由**，意志所具有的「任意專斷的功能」）。而且在某個脈絡下她甚至還走得更遠，她聲稱「至於這種判斷能力，這最神秘的人類心智能力之一，是否應當被稱為意志或理性，**抑或是第三種心智能力**，則至少仍是個懸而未決的問題」。[110] 我們由此看到鄂蘭將作判斷視為一種與知性與意志皆有所別的獨立心智活動，這完全是一個逐漸發生的過程；而且當她在自己的頭腦中最終解決這一問題時，她已經重新表述了判斷與政治、「心智生命」與「現相世界」之間的關係。

問題在於，判斷究竟是否有（以及以何種程度）參與到**行動生活**當中，或者說，判斷作為一種心智活動，是否被限定在**沉思生活**的範圍內——這種人類生活領域，被鄂蘭在定義上認知為孤獨的，它要在從世界與他人那裡退隱的狀態下運作。在整體視野的觀點下，我們看

110 "Some Questions of Moral Philosophy," Fourth Session (Hannah Arendt Papers, Library of Congress, Container 40, pp. 024642, 024645).

到判斷究竟適用於何處的這種根本的不確定性，唯有否定掉鄂蘭自己對於判斷問題所提出的某些更寬廣的洞見，她才有辦法最終予以解決。一方面，她禁不住要將判斷整合到**行動生活**當中，並將其視為政治行動者的再現性思考與擴大心智能力的運作方式，以便讓行動者在參與到共同協商審議的時候，能夠進行公開的意見交流。另一方面，她又想要凸顯判斷所具有的沉思性、非關利害性面向，此時判斷是像審美判斷那樣以回溯性的方式運作的。而後一種意義上的判斷完全被放置在心智生命的界限之內。鄂蘭最終解決問題的方式，就是取消了這種張力，並完全站在後一種判斷概念那邊。這種解決方式最終帶來了一致性，但這是一種牽強的一致性，它所付出的代價是在這種修訂版的判斷概念當中，要完全排除掉任何涉及**行動生活**的可能性。於是，唯一能讓判斷能力的運用獲得實踐效力、哪怕僅僅是些許實踐相關性的地方，就是危機重重或事態緊急的時刻：判斷「會在孤注一擲的罕見關頭下，阻止災難的發生，至少是阻止自身捲入其中」。除卻這些「罕見關頭」，判斷就只會附屬於心智生命，附屬於心靈在孤獨反思中的自我交流。

於是，我們發現判斷身處於**行動生活**與**沉思生活**的張力之中（這種二元性貫穿了鄂蘭的所有作品）。鄂蘭試圖透過斷然將判斷置於心智生命之內的方式來克服這種張力，但判斷仍然屬於最接近人的世間（worldly）活動的心智能力，而且（在三種心智能力中）與這些活動維持著最為緊密的連結。由於要堅持心智與世間活動之間牢不可破的分離，鄂蘭就不得不將判斷從**行動生活**的世界中驅逐，縱使兩者之間仍維繫著某種天然的親緣關係。其結果就是，鄂蘭對於判斷本性的思考越是具有系統性，由此產生的判斷概念也就越是狹隘（或許也越是貧瘠）。[111]

分析至此，且讓我們回到最初的問題，來再問一次：在上述這些議題上，康德是我們唯一的理論資源嗎？康德真的發現了一種先前無人知曉的「全新的人類能力」嗎？[112]實情並非如此。除非有人要用非常狹隘的方式來解釋判斷能力，以致於只有信奉與康德一致的判斷理論的人才算是真正對此有所意識。然而有些時候，鄂蘭自己其實願意承認康德並沒有完全壟斷這一領域。尤其是，她在〈文化危機〉中指出，要將判斷肯認為人的一種基本政治能力，就要仰賴「那些實際上跟有史可徵的政治經驗同樣古老的洞見。古希臘人稱這種能力為**實踐智**或洞察力，他們將它視為政治家具備的首要美德或卓越德行，且有別於哲學家的智慧」。在注解十四中，她在上述引文之後提出「亞里斯多德在《尼科馬哥倫理學》第六卷中將政治

---

111 在“Hannah Arendt's Communications Concept of Power”一文中，哈伯馬斯將此歸結為，鄂蘭從「她自己的實踐概念撤退了，這種概念是建立在實踐判斷的合理性之上的」。

112 Kant Lectures, p. 10, above.

家的洞察力對立於哲學家的智慧，這種有意為之的做法很有可能只是在遵循雅典城邦的公眾意見，正如他在其政治性著述中一貫採取的做法」。[113]但是如果鄂蘭自己也願意承認亞里斯多德能夠為判斷理論提供另一條道路，那麼我們的問題就會變得更為迫切。我們必須探問的是，為何鄂蘭在試圖探索判斷這一主題時，要完全乞靈於康德？當然，這樣問是預設了實際情況並非恰好相反，亦即最初引導她關注判斷問題的緣由，恰恰是她持續被康德所吸引；這種情況當然也是完全可能的。

任何熟悉鄂蘭著作的人都不會否認，康德對於她的思想具有深遠的影響力。康德不僅僅是提供了可為判斷理論所用的資源；而且對於鄂蘭來說，康德還體現了她有關公共性的整個概念，就此而言他是鄂蘭真正的唯一先驅。為了理解鄂蘭如何能夠在康德討論判斷的著述中發現她自己的政治概念的先聲，我們必須了解的是，對於鄂蘭來說，政治關乎對現相的判斷，而非對意圖的判斷。正是由於這一點，她才得以將政治判斷同化為美學判斷。因此，鄂蘭為尋求政治判斷的模型而訴諸美學，這絕非偶然；她已然假定政治與美學之間具有親緣關係，因為兩者都關注現相世界。而且，她曾寫道：「在其他任何哲學家的著作中……現相概

113 Arendt, "The Crisis in Culture," *Between Past and Future*, p. 221.

念都不曾像在康德著作中那樣扮演至關重要的核心角色。」[114]由此進一步推導出來的主張就是，鄂蘭認為康德同樣對於政治事務的本質具有獨一無二的洞察力。

在康德講座的早期版本（一九六四年）中鄂蘭承認，由於舊有偏見將政治視為關乎統治或支配、關乎利益及手段等諸如此類的事物，因此就連康德自己也沒能意識到《判斷力批判》實應歸屬為政治哲學。但是鄂蘭主張，一旦考慮到判斷，我們就有望打破有關政治的舊有偏見：「我們處理的是一種共同生活的形式（共享式判斷、品味共同體），在其中無人統治也無人服從。人們僅僅是相互說服。」而且她還補充說：「這並不否認利益、權力與統治……仍然是非常重要的、甚至是核心性的政治概念……問題在於：它們真的是根本性概念嗎？還是說它們源自於共同生活，而共同生活本身又產生自另一種不同的源頭？（聚集—行動）」[115]

鄂蘭的觀點是，我們抵達這另一種源頭的方式，更有可能是訴諸一部明確以「現相**之為**現相」為主題的著作，而非那些構建出政治哲學既有傳統的那些著作：

---

114 *Thinking*, p. 40.

115 在芝加哥開設的以「康德政治哲學」為主題的講座課程，一九六四年秋季（Hannah Arendt Papers, Library of Congress, Container 41, p. 032272）。

> 《判斷力批判》是在〔康德的〕偉大著作中，唯一以世界以及使眾人（複數）適於生活在世界當中的感官與能力為出發點的作品。這或許還不是政治哲學，卻無疑構成了它**必不可少**的條件。如果在因共有同一個世界而彼此牽絆的眾人所擁有的能力之中，在他們所進行的具協調性的往來、交流當中，人們能夠發現一種**先驗**原則，那麼就能夠證明人在本質上是一種政治存在者。[116]

在這裡，我們要停下來考慮一個問題，它或許會對鄂蘭的企圖提出最明顯的反對意見，即便它本不需要引發過多的關注；這個問題就是，鄂蘭是否在處理康德的文本時，行使了過度的自由？不可否認的是，鄂蘭確實非常自由地對待康德的著作，而且會根據自己的意圖來使用其著作。例如，號稱旨在闡述康德政治哲學的講稿竟很少援引到《實踐理性批判》。[117]鄂蘭在早期的一篇文章中甚至說得更誇張：「我們可以根據康德所有的政治性論著推斷出，

116 Ibid., p. 032259.

117 參見 *Thinking*, pp. 236-37, n. 83：「我對康德哲學的主要保留意見恰恰是關於他的道德哲學的，亦即《實踐理性批判》。」鄂蘭並沒有探討第二《批判》與第三《批判》的相互交涉之處，而且她也沒有論及這樣一種可能，亦即康德道德哲學中的缺陷會重複出現在他的美學與政治哲學當中。

對於康德自己來說，『判斷』這一主題其實比『實踐理性』更有份量。」[118]康德有關歷史的論著被以同樣的隨意態度來對待，而且鄂蘭還暗示我們，康德在他的歷史哲學中只不過是寫著好玩而已。[119]很顯然，這種對待康德既存著作的自由態度在某種程度上是有意為之，因為鄂蘭主張康德自身並沒有提供一套堪用的政治哲學，這只是為了證立她對其未寫出的政治哲學的重構。她認為康德未能充分發展出潛藏在《判斷力批判》之洞見中的政治哲學，而且她還相應地將該著作中的學說推向有望實現這種潛能的方向。鄂蘭貶低康德**既有**政治論著之重要性（以便凸顯他未實際寫出的政治哲學）的做法，或許低估了康德**實際**寫出的政治哲學的重要性。時值今日，康德版的自由主義正在自由主義政治哲學家當中越發具有吸引力（羅爾斯與德沃金〔Ronald Dworkin〕正是其中的突出代表）。然而，在評估這種反對意見的時候我們需要知道，鄂蘭自己並非沒有意識到她是在非常隨意地詮釋康德，這更多是基於哲學上的挪用，而非學術上的忠實。[120]她會很樂意承認，她所關心的不是康德**實際**的政治哲學，而

118 "Freedom and Politics," in *Freedom and Serfdom*, ed. Hunold, p. 207.

119 Kant Lectures, p. 7, above.

120 Ibid., pp. 31, 33.

是只要他的**某些**觀念有得到系統性發展的話，就**本該**寫出的政治哲學。[121] 一旦我們了解到鄂蘭的意圖絕非是純粹的文獻注疏，那麼這種操作方式中就不再有什麼真正可反對的了。正如海德格在他自己討論康德的著作中提出的：「不同於自身也有其問題的歷史文獻學方法，思想家之間的對話依循的是不同的法則。」[122]

論述至此，鄂蘭為何會最自然而然地徑直訴諸康德，以便在判斷問題上尋求參考建議，其原因應該已經稍微清楚了一些。但是還存在另一個或許更為微妙的理由，它可以幫助我們理解康德為什麼能如此全面地支配鄂蘭對判斷的思考。就此而言，《人的條件》中提及判斷能力的唯一段落為我們提供了至關重要的線索：

> 只要人類的驕傲仍然完整無損，那麼人類存在的典型特徵就會是悲劇而非荒謬。它最偉大的代言人是康德，他認為行動的自發性及其伴隨著的實踐理性諸能力，包括判斷力，始終是人的卓越品質，即使他的行動會落入自然法則的決定論，而其判斷也無法穿透絕對實在界

---

121 Ibid., pp. 9, 19.

122 Martin Heidegger, *Kant and the Problem of Metaphysics*, trans. J. S. Churchill (Bloomington: Indiana University Press, 1962), p. xxv.

的奧祕。[123]

人類的判斷本就趨向於悲劇判斷。它持續面對著自己永遠無法充分掌握的現實，卻終究必須與之相調解。鄂蘭在康德那裡發現了對於這種關聯於判斷的悲劇特質的獨特表達方式。這也有助於我們理解觀察者的形象為何如此關鍵，以及判斷的重負為何要完全由作判斷的觀察者來承受。在歷史上，一如在戲劇中，只有回溯性的判斷能夠讓人們與悲劇相調解：

跟隨著亞里斯多德，我們會在詩人的政治功能中看到情感淨化的運作，其掃盡或消弭情緒衝動以阻止人們衝動行事。說故事者（歷史學家抑或小說家）的政治功能就是教導人們按照事物原本的樣子來接受它們。透過這種接受（這亦可被稱之為真實無偽），判斷的能力也就誕生了。[124]

---

123 *The Human Condition*, p. 235, n. 75.

124 "Truth and Politics," *Between Past and Future*, p. 262. Cf. Arendt, "Isak Dinesen 1885-1963," *Men In Dark Times* (London: Cape, 1970), p. 107.

政治判斷為人們提供給了一種希望感，讓他們就算遭遇到悲劇的阻礙也能繼續維持行動。只有歷史的觀察者處在能夠提供此種希望的位置。[125]（這實際上正是康德那明顯具政治性的論著中主要傳達的意思）而且如果對判斷的關注會引導人意識到悲劇令式（tragic imperatives）的存在，那麼或許只有能夠充分欣賞這些悲劇現實（這一點確實是康德所具備的）的思想家，才有辦法洞察、並以理論概念來捕捉判斷的本質。

對鄂蘭來說，作判斷的行為代表著三大心智活動的最高點，因為一方面它維持著與「現相世界」的連繫，這是「意志」活動的典型特徵，另一方面它也滿足了追尋意義的要求，正是這種要求激發了「思考」。因此鄂蘭會贊同畢達哥拉斯的這種說法：在生命的慶典中，「最優秀的人是來當觀眾的」。[126]然而她也偏離了畢達哥拉斯，因為她不認為與這種觀察位置相對應的是哲學家對真理的追求。在她的闡述中，作判斷的觀察者的沉思性功能取代了哲

125 有關希望的問題，參見Kant Lectures, pp. 46, 50, 54, 56.

126 Diogenes Laertius, *The Lives of Famous Philosophers* 8. 8. 這個被當作本文第七節題記的句子，同樣被引用在〈思考〉（p. 93）與康德講座（p. 55）當中，而在「有關鄂蘭」的一份研討紀錄中，鄂蘭也提到了它，收錄於*Hannah Arendt: The Recovery of the Public World*, ed. Hill, p. 304.

學家或形上學家那不可信的沉思性功能。[127]讓心智生命實現終極完滿的，不是形上學曾為古代人提供的那種包羅萬象的視野，而是作判斷的歷史學家、詩人或說故事者所產生的非關利害的愉悅感。

九、進一步的思考：鄂蘭與尼采論「這關口、這瞬間」

黃昏的判斷——若一個人在其暮年和疲倦時回首他的盛年和他一生的工作，他多半會得出一個令人憂鬱的結論。但這並不是因為他的盛年或他的生活錯了，而是他的疲倦使然。當我們忙於工作時，或當我們忙於享受時，我們總是少有閒暇來仔細端詳生活和人生；但是，若我們確實要對生活和人生作出判斷，那麼我們就不應該像那人一樣，直到第七天歇下來時才肯去發現人生的異常之美。他已錯過了最好的時間。

尼采，《朝霞》——第317條

（德譯英，譯者約翰娜・沃爾茲〔Johanna Volz〕）

127 參見 *Thinking*, pp. 211-12.

同樣的思考結構激發出鄂蘭的判斷概念與尼采的永恆回歸論；我們或許可以說，兩者都源自於某種相同的思想實驗。試著想像，有一個瞬間完全與其他瞬間隔離開來，它所可能具有的所有意義都「包含在自身當中，**彷彿**它無須訴諸他者，**無須**與他者**產生任何連結**」，[128] 這是一個具有最強烈實存意義的瞬間。**這個**瞬間究竟如何能夠單憑自身就支撐起了整個生命實存的意義呢？對於尼采來說，這種存有論地位是透過對該瞬間進行無限重複的預想而確立的。對於鄂蘭而言，則是透過歷史判斷的回溯觀看而確立的。

這兩種思想都在根本上源自於如下洞見：意義問題與時間問題屬於同一範疇，若要確保一種真正的意義感，就必須關注以某種方式來克服宰制時間暴政的可能性。（這就是為什麼心智能力中有關時間方面的問題，如此大範圍地潛伏在整本《心智生命》當中的原因所在）意義必須超越時間；它必須被保護起來，以對抗時間之流的侵蝕。除非我們有辦法（透過判斷行為）重拾過往，抑或是，除非存在某種最終回歸的承諾，不然的話人類的所有生活都會變得完全沒有意義，完全沒有任何支撐點。如果不為這個瞬間提供存有論上的支持，以對抗

128 Kant Lectures, p. 77.

時間之流，那麼人類生活就會不折不扣地如同「風中落葉，無聊玩物」。[129]

尼采在他非常早期的著作《悲劇的誕生》（*The Birth of Tragedy*）中，就提出了一個後來貫穿了他整個哲學生命的問題；他為之提供的最終解答正是永恆回歸的思想。鄂蘭同樣持續與這一個問題搏鬥；它推動她思考政治行動並由此構想出了《人的條件》這本書，而鄂蘭對此問題做出的最終解答則存在於有關判斷的想法中。這個問題就是要如何面對西勒努斯（Silenus）帶來的挑戰，正如我們在索福克里斯的《伊底帕斯在科羅納斯》看到的：「最好不要降生在人世，這遠勝過言語所能道盡的一切；若降生此世已是既成事實，那麼次等好的事情就是，一出生就盡可能快地返回其所從來之處」；這個挑戰在鄂蘭的《論革命》中也再次出現了（也在康德講座本身中出現過）。[130] 如前所述，鄂蘭對於此問題的第一種解決方式是建立在政治行動的概念之上。正如她在《論革命》最後的句子中所說：「能夠為人生賦予光輝的是城邦，是眾人開展自由行動與表達活躍言詞的空間」；正是這「使得不分老少的普

---

129 Friedrich Nietzsche, *On the Genealogy of Morals*, 3. 28, in *Basic Writings of Nietzsche*, trans. and ed. Walter Kaufmann (New York: Modern Library, 1968), p. 598.

130 *Oedipus at Colonus*, lines 1224 ff.; *The Birth of Tragedy*, sec. 3, *Basic Writings of Nietzsche*, tans. and ed. Kaufmann, p. 42. 也可參見Kant Lectures, p. 23.

通人都能夠忍受生活的重負」。[131]然而在她後期的著作中，出現了一個雖然與之相關但又有所不同的解決方式。政治行動者就其自身來說是無法拯救意義的；行動者需要觀察者。因此也就產生了判斷的必要性。支撐瞬間以對抗變換不定之時間的不單是政治，更是由抽離的觀察者所做出的判斷行為，是要讓觀察者回過頭來反思行動者所為之事，反思過往的那些「偉大的言詞與事蹟」。鄂蘭正是在這種意義上理解歌德的下述文句的：「大自然啊，我將單純地作為一個人而站在你面前，／這樣才有努力做人的價值。」

尼采首次闡述其永恆回歸思想的箴言以「最大的負擔」為標題：

> 如果有一天或有一夜，有個惡魔溜進了你最孤獨的孤獨之中，對你說：「你從以前到現代過的這種生活，你還必須再過一次、再過無數次；而且不會有什麼新的出現，每一次的痛苦、每一次的快樂、每一次的想法與嘆息、生命中所有說不盡的大小事物，這些你全都得再經歷一次，而且順序不會有所改變——甚至連同這隻蜘蛛以及林間的月光，連同這個瞬間以及眼前的我本人。存在的永恆沙漏會一遍又一遍地翻轉。你也是一樣，你是沙漏中的一粒塵

131 *On Revolution*, p. 285.

埃！」如果是這樣的話，你會俯伏在地，咬牙切齒地咒罵眼前對你說這些話的惡魔？還是你有經歷過一個令人難以置信的瞬間，在那個瞬間你會回答他：「你是神，我從來沒有聽過那麼像神的話！」如果那個惡魔的想法掌控了你，它就會改變你原本的模樣，也許還會把你消磨殆盡；因為無論是誰，只要被問：「你還會想再來一次、再來無數次嗎？」都會對他的行動施加最大的負擔！或者，你必須怎麼好好對待自己以及自己的生命，**才有辦法別無所求**，只求這個最終的、永恆的認可與蓋棺定論？[132]

對於尼采來說，決定性的問題在於我們是否準備好了要將人生完全像我們曾經經歷過的那樣再經歷過一次，而且要再經歷無數次。（康德實際上恰恰提出過同樣的問題；從幸福的角度來衡量，人生的價值，「對於那些要在完全相同的條件下再次度過人生的人來說，根本不值一提」。[133]康德的答案是，意識到我們自身作為道德法則承擔者的尊嚴，能夠挽救這種

132 Friedrich Nietzsche, *The Gay Science*, no. 341, in *The Portable Nietzsche*, trans. and ed. Walter Kaufmann (New York: Viking Press, 1968), pp. 101-2. 【譯按】該書中譯文基本參考尼采著，萬壹遵譯，《快樂的知識》（臺北：商周出版，2023年）；此處譯文有稍作修改。

133 *Critique of Judgment*, § 83, note. Cf. Kant Lectures, p. 24.

本是無法忍受的生存方式；當然，尼采對於這一問題提供了截然不同的答案。）永恆回歸思想以最赤裸的方式提出了這一問題，並將之予以戲劇化。顯然，從這一問題的角度來說，我們在一生中取得的所有成就都無法挽救人生；如果每一瞬間都要重複經歷無數次的話，那麼唯一的忍受方式就是擁抱這一瞬間本身的永恆性。如果這一瞬間無法絕對證立自身，那麼我們就不可能永遠透過將會在人生**另一個**節點上發生的事，來產生重新經歷它的意願。在評估人類存在的意義時，任何目的、目標、宗旨都不再相關；於是永恆回歸具有逼迫瞬間為自身答辯的效果。

在尼采的永恆回歸思想中，重要的似乎不是瞬間而是時間整體，是「一切都具有同樣的次序與結果」。但這是個誤解，因為我們是透過**瞬間**來肯定所有的時間。讓人們得以忍受「最大負擔」的是經歷「難以置信之瞬間」的經驗。（這一區分對應於，鄂蘭對立黑格爾的作為**最終審判**的**世界歷史**與康德的人類判斷之**自律性**的做法。）當尼采在《查拉圖斯特拉如是說》（*Thus Spike Zarathustra*）中對永恆回歸進行闡釋，這一點就變得更加明顯了：

> 你瞧……這個瞬間！從這個關口、這個瞬間，有一條漫長而永恆的道路**向後**延伸：在我們背後有個永恆。一切**能**行走的，不是都應該已經在這條路上走過一輪了嗎？一切**能**發生

的，不是都應該已經發生過一次、已經完成過、曾在這條路上走過了嗎？如果一切已經存在過，你這個侏儒對這個瞬間有什麼想法呢？這個關口不也應該已經存在過了嗎？一切事物不都是如此緊密連結著，為此，這個瞬間不也要把**一切**要來的事物向自己身邊拉過來嗎？因此，也把它自己拉住？因為，一切**能**行走者，在這條長長地伸展**出去**的路上，都**必須**再走一回！

這隻在月光下慢慢爬行的蜘蛛，這月光本身，還有在這關口前一同竊竊私語、談論永恆事物的我和你；我們不是全都應當已經存在過了嗎？而且我們當再回來，走上在我們面前延伸出去的另一條路，在這條漫長的可怕的路上——我們不是必須永遠回來嗎？[134]

顯然，尼采在此看到「一切事物都如此緊密連結著」，因此瞬間也絕不會與其他瞬間毫無關聯。然而在另一方面，只有在瞬間的基礎上，我們才有可能進行肯定：

---

134 *Thus Spoke Zarathustra*, Third Part: "On the Vision and the Riddle," *The Portable Nietzsche*, trans. and ed. Walter Kaufmann, p. 270.【譯按】該書中譯基本參考尼采著，錢春綺譯，《查拉圖斯特拉如是說》（新北：大家／遠足文化，2014年），此處譯文略有調整。

> 瞧這關口，侏儒！……它有兩個面。有兩條道路在這裡會合：還沒有任何人走到過它的盡頭。身後的這條長長的道路通向永恆。向前方延伸的那條長路通向另一個永恆。這兩條路背道而馳；它們面對面地相互衝撞；它們恰恰在這個關口會合。這個關口的名字銘刻於上方：「瞬間」。可是如果有誰選擇二者之一繼續前行，越走越遠，那麼，侏儒，你以為這兩條路會永遠背道而馳嗎？[135]

上面這個段落會強烈地讓人聯想到卡夫卡的一則寓言：它出自以「他」為標題的箴言集，而鄂蘭在〈思考〉中也對它十分重視。（鄂蘭實際上在〈思考〉第二十章闡釋卡夫卡的脈絡中，援引了尼采的「幻象與謎題」；她在同一個地方也援引了海德格對尼采的評論，根據海德格的說法，永恆之所以存在於瞬間當中，**是**因為唯有通過關口中的人，其**本身就是**那個瞬間的人，才使得兩個永恆得以交會、碰撞。[136] 鄂蘭自己會在〈思考〉最後一章中援引《查拉圖斯特拉如是說》中的這個段落並非偶然，因為她在《心智生命》中與之奮戰的問

135 Ibid., pp. 269-70.

136 *Thinking*, p. 204.

題，恰恰重現了誘使尼采構想出永恆回歸的同一個問題。）一如在尼采的闡述中的兩個永恆之間的矛盾，卡夫卡的「他」也身陷過去與未來之間的戰鬥之中。為了對這一衝突進行仲裁，「他」就必須跳脫出這個戰鬥，「跳出戰鬥的行列，以便上升到置身人生遊戲之外的仲裁者、觀察者、審判者的位置，我們之所以可以將生死之間這段時間的意義寄望於『他』，是因為『他』不再涉入其中」。[137] 這正是鄂蘭在「過去與未來的裂隙中」發現作判斷的觀察者的位置，她論述道：

在過去與未來之間的這個裂隙中，我們找到了我們進行思考時在時間中所處的位置，這就是，我們從自己所仰賴的過去與未來移開了足夠的距離，以便發現它們的意義，以便承擔起作為「仲裁者」、裁決者與法官的地位，以評斷人類生活在這個世界上產生的紛繁多樣、永不停歇的事務……

而且這個「仲裁者的位置」是什麼呢？正是對這個位置的欲望催生了這個夢。這是否就是畢達哥拉斯式觀眾的座席呢？這些觀眾之所以是「最優秀」的，是因為他們並不參與到名

137 Ibid., p. 207.

譽與成就的爭鬥當中，之所以是非關利害關係、不受約束、不受干擾的，是因為僅僅關注景觀本身。能夠發現這演出的意義並予以評斷的正是他們這些人。[138]

正如鄂蘭自己所表明的，這個「在過去與未來之間」的判斷位置，等同於尼采冠以「瞬間」之名的關口。

為什麼這個關口被命名為「瞬間」？因為它在自身之外再無目的，它除了自身之外也不會導向其他東西。存在是個圓環。因此，沒有這個瞬間之外的任何事物能夠為之提供證立；它自身就能夠證立自身。按照康德說法，這就是自律的，就是目的自身。唯有訴諸自身，而非訴諸自身之外的事物，我們才有可能肯定瞬間，因為最後的分析表明，這個瞬間的最終結論或結果正是它自身的遞迴（recurrence）。按照尼采的說法，一旦承受起「最大的負擔」，時間序列的無意義（進而還有一切被視為時間序列之存在的無意義），就是我們必須面對的艱困真理。這個循環正是漫無支點與徒勞無功的象徵；因此，如果要肯定瞬間，就必須除了自身之外不再尋求任何事物來支撐。這就是永恆回歸的意義：為了實現生存意義上的肯定，

138 Ibid., pp. 207, 209.

瞬間全然自我挺立著；它不導向任何地方（因為它僅僅導回到它自身），它也不是某個目的論後果的頂點。它如何是可挽救的，如何是可肯定的？對於尼采來說，去**思考**這一問題的意志與鋼鐵決心本身，就是解方。那些能夠忍受以最赤裸的方式**思考**這個問題的人，將會成為新的創造者，西方衰落的挽救者。而鄂蘭則在其他地方尋找同樣問題的解方。

跟鄂蘭一樣，尼采認為能否掌握意義問題，要取決於我們是否有可能建立與過去的真正關係。依尼采之見，問題在於，未能面對時間難題，就會催生出**報復**：社會—政治上的疾病根源於存有論上的挫折：「時間不能逆轉，這是｛意志的｝壓抑的憤怒；『過去就是如此』，這是意志不能推動的石頭的名字……｛意志｝為自己不能逆轉時間而決意**報復**。這一點，僅僅這一點，就是**報復**本身：就是意志對時間和時間的『過去就是如此』所抱持的惡意。」[139] 讓意志對時間抱持「善意」（good will），將會把人從報復中解放出來，並使整個社會—政治的生存狀態發生革命：

> 拯救生活在過去的人，把一切「過去如此」再造為「我要它如此」，這才是我所說的拯

139 *Thus Spoke Zarathustra*, Second Part: "On Redemption," *The Portable Nietzsche*, trans. and ed. Kaufman, pp. 251-52.

> 救。意志，這是對解放者和帶來歡樂者的稱呼：我曾這樣教導你們，我的朋友們。現在我還要加上這一條：意志本身還是一個囚徒。意志就是要解放；可是還把這種意志鎖住的，那是什麼呢？「過去如此」：這就是意志的切齒痛恨和最隱密的悲哀。對已經做成的事無能為力；**對一切過去之事，意志是一個憤怒的觀察者**。意志不能回頭意欲過往；它不能打斷時間和時間的欲望，這就是意志最寂寞的悲哀。[140]

鄂蘭關心的不是意志的解放，而是判斷能力的解放，而後者在她看來是藉由思考能力的行使而發生的。但是她與尼采所面對的問題仍在關鍵要點上是相同的：觀看過往的「憤怒觀察者」如何能夠轉變成一個適意的觀察者呢？憂鬱的觀察身份要如何轉換成快樂的觀察身份呢？尼采想要讓意志對過去感到滿意；鄂蘭則尋求使判斷過往成為快樂的源頭，而非不快樂的源頭。在這兩者的情況中，對待時間的「善意」都是為了挽救過去。

我們可以說，鄂蘭最初嘗試在行動的本性中尋求「瞬間」難題的解答，繼而則在某種意義上是在意志活動中尋求（因為沒有意志就沒有行動），但是她最終把答案寄望於反思性判

---

140 Ibid., p. 251; my italics.

斷，或是對於過往事件的判斷性反思；同樣地，我們也可以說，尼采最初是在意志當中尋求意義問題的解答（或是對虛無主義亦即最高價值的貶值的解答），但是他最終的答案，他對永恆回歸的思考，則使他離開了意志。鄂蘭在〈意志〉卷第十四章中詮釋尼采思想時，正是借助於這些說法。永恆回歸「不是一種理論，也不是一種學說，甚至不是一種假說，而僅僅是一個思想實驗。就此而言，由於它暗示著一種朝向古代循環式時間概念的實驗性回歸，因此它似乎就公然與任何可能存在的意志觀都產生了矛盾，畢竟意志的投射籌畫總是要預設線性時間，預設一個未知從而有可能改變的未來」。[141]於是鄂蘭提出，永恆回歸的思想實驗最終導致「對意志的否決」：

> 意志的無能讓人們寧願去回首追溯、銘記、思考，因為在回溯的目光中，一切**看起來**都是必然的。對意志的否決將人從一種本是無法忍受的責任中解放出來，這種責任在於任何事情一旦做了，就無法撤銷。無論如何，很有可能正是意志與過去的這種衝突，促使尼采進行

---

141 *Willing*, p. 166.

永恆回歸的思想實驗。[142]

根據鄂蘭的說法，尼采

> 開始著手對既有世界進行構建，以使之變得有意義，變成一個宜人的居所，適合「意志力量〔大到足以〕去做無意義的事情……並且有辦法在一個無意義的世界生活下去的」生物來居住。「永恆回歸」正是為這種終極拯救的思想而準備的語詞，因為它宣揚「一切生成的**無辜**」（*die Unschuld des Werdens*），以及它固有的無目標性、無目的性，乃至從罪責與責任中解放的自由。[143]

永恆回歸是應對無意義世界並與之和解、予以挽救的手段，其具體做法就是廢除責任、合目的性、因果性、意志所有這些概念。

142 Ibid., p. 168.
143 Ibid., p. 170.

尼采之所以會得出「一切過往者都將回返的思想，亦即一種使得存在於其自身之中擺盪的循環式時間結構」，正是根據如下論述：

倘若世界的運作有一個最終的目標狀態，那麼它必定是已經達到了的。但唯一的基本事實卻是，世界的運作根本沒有什麼最終的目標狀態；而且任何主張必然有這種目標狀態的哲學或科學上的假設（例如機械論），都已經被這個基本事實所**反駁**〔黑體為尼采所加〕了。

我在尋求一個能正確對待這個事實的世界概念。生成必須得到說明，而不能乞靈於此類最終意圖；**生成必須理由充足地顯現於每個瞬間**（或者說不可貶值地；這代表同樣的意思）；**絕對不可因為某個未來之物的緣故而證立當前之物，或者因為當前之物的緣故而證立過去之物**。[144]

---

144 *The Will to Power*, no. 708, ed. Kaufmann (see note. 33, above), p. 377 (my italics). 尼采似乎再次回應了一種業已在康德那裡出現的思想，後者表示：「始終令人困擾的是……先前的時代似乎只是為了以後的世代而從事辛苦的工作……唯有最後的世代才會有福分住在這座建築物中。」（"Idea for a Universal History with a Cosmopolitan Purpose," Third Thesis; quoted by Arendt in "The Concept of History," *Between Past and Future*, p. 83）

現在情況想必已經十分清楚了，這種尼采式的構想對於恰當理解鄂蘭有關判斷之「回溯目光」問題的陳述，絕對具有決定性意義。對於她仰賴尼采的方式來處理該問題這一點，相必已不再有什麼誤會。在同一則箴言中，尼采還寫道：「生成在每一瞬間都具有同等的價值。」[145]換言之，沒有哪一個瞬間是用來證立其他瞬間的，也沒有哪個瞬間能夠透過訴諸其他瞬間而得到肯認；瞬間必須自己拯救自己。鄂蘭從上面引述的段落得出的結論是，這「無疑導致了意志以及意志自我的罷黜」，因為這兩者都要以因果性、意圖、目標等陳舊概念為前提。[146]

尼采尋求一種將瞬間予以永恆化的方式（「……快樂渴望永恆。快樂渴望一切事物的永恆，**渴望深深的、深深的永恆**」）。[147]鄂蘭則透過回溯性判斷的行為，尋求一種將瞬間予以不朽化的方式。兩者抱持相同的動機：為了從稍縱即逝的時間急流中挽救瞬間。判斷之所以能夠行使這一功能，是因為它在根本上是**個殊主義**（*particularism*），亦即它將自身投注在特殊者之上，而不讓特殊者以任何方式被化約到、吞沒到普遍物或一般物當中。特殊者有其

---

145 *The Will to Power*, no. 708, ed. Kaufmann, p. 378.

146 *Willing*, p. 172.

147 *Thus Spoke Zarathustra*, Fourth Part: "The Drunken Song," sec. 11, The Portable Nietzsche, trans. and ed. Kaufmann, p. 436.

自身的尊嚴，這是任何普遍或一般者都無法奪走的。

黑格爾說得完全正確，哲學就像密涅瓦的貓頭鷹，只有在白天將盡、薄暮時分才會展翅飛翔。但是，對於美，或其他任何在其自身的事情而言，情況卻並非如此。用康德的術語來說，美就是目的本身，因為它所有可能的意義都包含在它本身之中，不涉他者——可以說，與其他美的事物無涉。康德本身就有這個矛盾：無限進步是人類的法則；與此同時，人的尊嚴要求根據一個人的特殊性來看待他（我們每一個人），並進而被視為反映一般的人類狀態。[148]

當我們從尼采的脈絡來考慮，那麼事情就變得十分清楚了：對於鄂蘭來說，判斷絕不僅僅是政治存在者的一項能力而已（即便最初正是這一點推動她去思考判斷這一能力）。判斷實際上發揮著存有論層次的功能。（在我稱之為鄂蘭前期的「政治性」判斷理論與後期的「沉思性」判斷理論之「斷裂」背後，我懷抱的正是這種想法。）也就是說，判斷的功能就

148 Kant Lectures, p. 77, above.

是將人安放在世界當中，否則這個世界就不會具有任何意義、不存在任何生存意義上的現實：對我們來說，一個未經判斷的世界將不具有任何屬人意涵。

與尼采的這種平行參照，有助於我們理解鄂蘭最後著作〈意志〉的最後文句，使之看起來不那麼無從解釋；尤其是考慮到，正是因為遭遇到意志問題，尼采才不得不否棄意志，以便以肯定的態度來接受永恆迴歸，並（再度）與當前存在、曾經存在、將要存在的一切事物達成非意志式的和解。在談論了聖奧古斯丁對人類**新生性**的發現，亦即「人類、新的人們，一而再地藉由出生而出現在這個世界上的事實」之後，鄂蘭看到聖奧古斯丁所提出的論證版本

> 它告訴我們的似乎不過是，我們拜出生所賜而**注定**自由，這無關乎我們喜歡自由還是厭惡它的專斷，無關乎我們為它感到「愉悅」，還是寧願選擇某種宿命論來逃避它可畏的責任。若是果真如此，那麼除非訴諸另一種心智能力，否則此一困局就無從打開或解除；這種在神祕性上並不遜色於開端的能力，就是判斷的能力，而對於判斷的分析至少會告訴我們，在我們愉悅或不悅的感覺當中到底涉及了哪些因素。[149]

149 *Willing*, p. 217.

上述段落幫我們確認了一件事，亦即鄂蘭對判斷的探討並不僅僅是要對一種重要人類能力進行理論性闡述，而更是為了「解救」一種「困局」。她尋求解決的問題是我們要如何為人類自由感到「愉悅」，如何忍受「它可怕的責任」，如何避免命定論（這是尼采所選擇的出路）。毫無疑問，這整個段落都在回應（它讀起來像是某種評注）尼采描述「最大負擔」的那個故事。如果我的這些猜想不純然是異想天開，那麼這兩者的聚首就不完全是偶然的，因為引導鄂蘭去探討判斷能力的思索路徑，恰恰平行對應於引導尼采提出永恆迴歸的道路。的確，我們**還有什麼**別的方式來解釋鄂蘭將判斷描繪為困局之出路的原因，尤其是意志困局之出路的原因，或是描繪為如何肯認人類自由這一問題的解方？為何**這**必定得是透過引入判斷分析的方式來解決？為何**這**一困局必定會是讓判斷被寄望為出路的那一個？為何人們必定要將**判斷**思考為有可能從這種困局中解脫的道路？在面對這些問題時，我們似乎可以很合理地提問道：基於對其他什麼文本的閱讀，才有可能讓我們找出鄂蘭最後著作之最後段落的意義？判斷正是當人們置身於「這關口，這瞬間」時，使其免於被過去與未來這兩股對抗力量所壓扁的方法。

當我們考慮到三種心智能力各自都具有某種時間導向時，就不難理解為何鄂蘭要寄望於判斷：判斷指向過去，作為唯一可能逃出困局的出路。我們當前所處的世界只為真正的行動、為自由，提供了極為微渺的前景。至於未來，如果它能夠提供任何東西的話，也只會是甚至更微小的承諾：「人們很可以設想的是，鑒於現代始於如此史無前例、令人期待的人類活動大爆發，那麼它大有可能會以有史以來最致命、最荒蕪的消沉景象告終。」[150]

於是，要從當下行動中獲取意義感，就只剩下一種極為渺茫的可能性了。（在上述情形中，這是一個政治式行動的可能差不多已被排除的世界，於是判斷就幾乎成為了一種替代式的行動，一種在缺乏真正的公共領域的條件下補償我們的公民資格的方式。）也不存在其他任何理由讓我們懷抱期待，期待透過意志籌劃，抑或是將我們的意志投射到未來（正是這樣形成了意志的困局），就能夠拯救意義。於是留給我們的就只有判斷的能力，它至少能夠幫我們尋獲那些救贖人類存在的過往事件。（至於思考，根據鄂蘭的說法則是讓我們得以從現相世界退隱的心智能力；因此它也就無法成為世界的意義來源。思考一旦回返到現相世界並對其中的特殊者進行反思，就會變成判斷。）我們得以忍受當下並對未來抱持希望的唯一方式，就是去思考由過往一個個特定瞬間所證明的人類自由那創造奇蹟的特性。如果沒有回溯性判斷的可能，我們就很容易被當前的無意義感所壓倒，並對未來充滿絕望。單單憑藉判

150 *The Human Condition*, p. 322.

斷，就足以為意義提供令人滿意的準備條件，從而讓我們能夠潛在地**認可**自身的生存情況。

對於歷史中那些過往「故事」的研究告訴我們，發生新的開端的可能性總是存在的；於是希望也就恰恰存在於人類行動的本性之中。每個故事都有其開端與終結，但是從來都不會有一個絕對的終結；因為一個故事終結總是標誌著另一個故事的開端。[151]如果我們被迫要對歷史整體宣告一個絕對的判決，恐怕就會忍不住要倒向康德的悲觀論調。（正是康德的悲觀論調，再加上他確信人類歷史必定會構成單一故事的想法，使他不得不提出歷史進步論這種調配性理念，以便將我們的思考引向目的論判斷，使我們有可能不帶絕望地反思歷史。）但是由於判斷總是只會針對特定的事件與個人，針對令人振奮的故事與堪為楷模的範例，因此歷史反思總是能讓那些尚未摒棄希望的人們受益。

我們已經充分討論了，判斷如何透過讓我們在反思過往的行為中獲得愉悅，而肯認我們的世間境況。但是真正的宗旨不在於證立這個世界，而在於某種類似於「確認」我們在世界當中的位置的事情；也就是說，是我們世界的現實建立聯繫，抑或是透過宣告我們與這種現實的連結來證立它。這種構想源自於屢屢在鄂蘭未刊講稿中出現的一句格言；這就是聖奧古

---

151 參見 "Understanding and Politics," *Partisan Review* 20 (1953): 388-89.

斯丁的「愛就是我願你是你所是」（Amo: Volo ut sis），這樣說的原因在於「我們並非自身所造」，因而我們「始終需要被肯認。我們是異鄉人，我們總是需要被人善待歡迎」。正是透過判斷，「我們才得以確認世界與自身」；透過被給予的諸種能力，「我們才得以在世界上安居」。[152]因共享式判斷而來的自我選擇的陪伴，將為我們確保歷史性的意義，使之不陷於空洞貧乏。

在上述總結性的探討中，我並不想要確立起鄂蘭思考判斷問題的必然歷程；我的意圖僅僅是去勾勒出它們分佈的區域範圍。這一探討範圍是由聖奧古斯丁在《懺悔錄》（*The Coufessisns*）第十一卷中對時間性的沉思，以及尼采的永恆迴歸論所劃定的。鄂蘭在寫作的過程中不僅受到康德的引導，還受到聖奧古斯丁與尼采的引導；她一再從他們那裡提取出自己思考的問題。在當前的脈絡中，他們為她提出的問題是：假使人在本質上乃是時間性的存在者，他來自未知的過去並將再度去往未知的未來，那麼世界是否還有辦法被營造成一個適

---

152 鄂蘭在芝加哥大學開設的講座課程，"Kant's Political Philosophy," Fall, 1964 (Hannah Arendt Papers, Library of Congress, Container 41, pp. 032288, 032295). 該格言同樣被引用在"Basic Moral Propositions" (Container 41, p. 024560)，並關聯於**愛世界者**（*dilectores mundi*）：「對世界的愛為我構建了世界，讓我在其中安居。」這是因為它決定了「我歸屬於哪些人、哪些範疇」。Cf. *Willing*, pp. 104, 144. 亦可參看 *Willing* 第十章到第十二章有關愛的討論。

合人安居的住所呢？[153]如果結合聖奧古斯丁所主張的世間諸種制度、關係皆為徒勞，以及尼采所相信的人類行動潛在的變化不定，那麼鄂蘭所要面對的有關時間性的基本問題就是：我們究竟在什麼樣的條件下才能夠對時間給予肯定的態度呢？[154]正如聖奧古斯丁抑或尼采都曾提出的，那個縈繞在鄂蘭所有哲學著作當中的問題就是，如何馴服時間性，如何鞏固、安定終有一死的生存狀態，使之不那麼轉瞬即逝，在存有論上不那麼變動不安。如果政治的存在確然是諸現相（這畢竟是鄂蘭政治哲學的基本前提），[155]那麼我們就需要有一個進行判斷的公共空間，以使現相世界更具耐受力，從而確認其存在。判斷，抑或是回憶的挽救性力量，

---

153 參看聖奧古斯丁《懺悔錄》（11.14）：在時間的三個組成部分中，「既然過去不再而未來尚未到來，那麼這兩者是如何有可能**存在**的？至於當下，如果它總是駐留當下且絕對不會流逝為過去，那麼它就不會是時間，而是永恆。因此，如果當下之所以是時間，僅僅是因為它流逝為過去，那麼這意味著它存在的原因僅僅是因為它**不（再）存在**，如此一來，甚至連說當下的**存在**，不都成了問題嗎？換言之，我們無法正確地說出時間**是**什麼，除非是它具有即將**不存在**的性質」。亦可參見《懺悔錄》（4.4 ff）中有關終有一死的思考。

154 「某位皇帝總想著萬物都是變幻不定的，因此不需要把它們太當真，要心境平和地遊戲其間。對我來說則恰恰相反，一切都這麼有價值，都不應該轉瞬即逝：我追尋萬物的永恆：人難道要把最珍貴的藥膏與葡萄酒倒入大海嗎？我的慰藉是，曾經存在過的一切都是永恆的：大海會將其再度擲回。」（Nietzsche, *The Will to Power*, no. 1065, ed. Kaufmann, pp. 547-48）

155 *The Human Condition*, p. 199.

能夠幫助我們保存那些本會遺失在時間當中的事物；它使那些在本質上脆弱易逝的事物得以耐受時間的侵蝕。[156]換言之，判斷的終極功能就是讓時間與世界性（worldliness）和解。

上述思考所提出的問題無疑比解答的還更多。康德講座所提供的毋寧只是我所說的對各種可能性的提示，而且或許我已經飄得有點太遠。我唯一的目標就是揭示出鄂蘭展開其理論化工作的版圖。這種版圖中某些東西源自鄂蘭的朋友班雅明的一些主題與觀念，而且藉由閱讀她曾隨身攜帶的班雅明的〈歷史哲學論綱〉（"Theses on the Philosophy of History"），我們或許最終有望評估她意圖的某些面向。班雅明同樣在尋求一種看待過往的救贖性關係，而鄂蘭的判斷型旁觀者正是班雅明所說的**漫遊者**（flâneur）的對應性角色，後者遊蕩在過往當中，在快樂或憂傷的回溯中蒐集著一個個瞬間，透過「回─憶」（re-collecting）來收藏：一個人穿梭在當下的廢墟中，搜尋碎片以拯救自己的過去。[157]對班雅明本身來說，這會涉及到

156 參見 Arendt's essay, "The Crisis in Culture," in *Between Past and Future*, p. 218. 對於「易逝性」的關心，實際上可以追溯到鄂蘭非常早期的著作，它出版於一九二九年，討論的是聖奧古斯丁的愛的概念。於是我們可以看到，鄂蘭對於判斷的探討將會構成一個可以追溯回其哲學事業起點的思想圓環。

157 參見 Walter Benjamin, "Theses on the Philosophy of History," in *Illuminations*, ed. H. Arendt, trans. Harry Zohn (New York: Harcourt, Brace & World, 1968), pp. 255-66. 我們與過去的碎片式關係這種想法，被表述在班雅明的**當下**（*Jetztzeit*）概念中，他在該論綱的幾個論題中都討論了這一概念。例如，在第十四論題中，班雅明描述了羅伯斯比如何透過炸開千篇一律的歷史之

歷史天使這一角色的設定：如朔勒姆所言，歷史天使「基本上是一個憂傷的形象，因歷史的內在性而受難」。[158]這些主題集中呈現在班雅明歷史哲學論綱的第三條：

> 編年史家一一記錄曾發生的事件，而從不區分事件的輕重，因為，他們考慮到這個真理：曾經發生的一切對歷史來說，都是無法失去的。當然，只有獲得救贖的人們，才能完整地擁有他們的過去。這便意味著，只有那些獲得救贖的人們，才可以援引他們過去的每一刻，而且他們所經歷的每個時刻都會在最後審判的那一天，成為**備受嘉許的事蹟**。[159]

流，來再現古羅馬。法國大革命「再現了古羅馬，就如同時尚復興了過往的服裝」（p. 263）。有關鄂蘭對班雅明思想這一面向的評論，可參見她為*Illuminations*寫的導言，pp. 38-39 and 50-51.

158 Gershom Scholem, *On Jews and Judaism in Crisis* (New York: Schocken, 1976), pp. 234-35. 有關鄂蘭自己對班雅明歷史哲學第九論題的評論，可參見Illuminations, ed. Arendt, pp. 12-13. 這裡不可能對鄂蘭與班雅明之間的諸多相近之處進行探討。可以稍微留意的是，鄂蘭訴諸加圖所說的站在失敗一方的歷史學家形象，顯然密切呼應了班雅明第七論題的精神。參見Theodor Adorno, *Minima Moralia*, no. 98 (London: New Left Books, 1974), p. 151.

159 *Illuminations*, ed. Arendt, p. 256. 【譯按】中譯主要參考，班雅明著，莊仲黎譯，《機械複製時代的藝術作品：班雅明精選集》（臺北：商周出版，2019年），頁215。

在班雅明對卡夫卡一則寓言對評論中，上述這種對待過去的態度甚至更為展露無遺：

> ……生活真正的尺度是記憶。只要我們轉首回望，就會看到它像閃電般貫穿了整個人生。只要向前翻個幾頁的時間，就足夠它從下一個村莊抵達旅行者決意啟程的地方。有些人的生活已被轉化成書寫……他們只能回頭閱讀書寫。這是他們遭遇自身的唯一方式，而且唯有如此，唯有透過逃離當下，他們才能夠理解生活。[160]

---

160 Walter Benjamin, "Conversations with Brecht," in Ernst Bloch et al., *Aesthetics and Politics* (London: New Left Books, 1977), p. 91. 班雅明在此所闡釋的卡夫卡故事則是〈下一個村莊〉（"The Next Village"）。

國家圖書館出版品預行編目資料

康德政治哲學講座 / 漢娜．鄂蘭（Hannah Arendt）著；羅納德．拜納（Ronald Beiner）編著；楊德立、李雨鍾 譯. -- 初版. -- 臺北市：商周出版, 城邦文化事業股份有限公司出版：英屬蓋曼群島商家庭傳媒股份有限公司城邦分公司發行, 2025.01
面； 公分
譯自：Lectures on Kant's Political Philosophy.
ISBN 978-626-390-363-0（平裝）
1. CST: 康德（Kant, Immanuel, 1724-1804） 2. CST: 政治思想
3. CST: 康德哲學
147.45 113017580

線上版讀者回函卡

康德政治哲學講座

原著書名 / Lectures on Kant's Political Philosophy
作者 / 漢娜．鄂蘭(Hannah Arendt) 著；羅納德．拜納 (Ronald Beiner) 編著
譯者 / 楊德立、李雨鍾
企劃選書 / 嚴博瀚
責任編輯 / 陳薇

版權 / 吳亭儀、游晨瑋
行銷業務 / 周丹蘋、林詩富
總編輯 / 楊如玉
總經理 / 彭之琬
事業群總經理 / 黃淑貞
發行人 / 何飛鵬
法律顧問 / 元禾法律事務所 王子文律師
出版 / 商周出版
城邦文化事業股份有限公司
台北市南港區昆陽街16號4樓
電話：(02) 2500-7008 傳眞：(02) 2500-7579
E-mail：bwp.service@cite.com.tw
發行 / 英屬蓋曼群島商家庭傳媒股份有限公司城邦分公司
台北市南港區昆陽街16號8樓
書虫客服服務專線：(02) 2500-7718．(02) 2500-7719
24小時傳眞服務：(02) 2500-1990．(02) 2500-1991
服務時間：週一至週五09:30-12:00．13:30-17:00
劃撥帳號：19863813 戶名：書虫股份有限公司
讀者服務信箱E-mail：service@readingclub.com.tw
城邦讀書花園 網址：www.cite.com.tw
香港發行所 / 城邦（香港）出版集團有限公司
香港九龍土瓜灣土瓜灣道86號順聯工業大廈6樓A室
電話：(852) 2508-6231 傳眞：(852) 2578-9337
E-mail：hkcite@biznetvigator.com
馬新發行所 / 城邦（馬新）出版集團 Cité (M) Sdn. Bhd.
41, Jalan Radin Anum, Bandar Baru Sri Petaling,
57000 Kuala Lumpur, Malaysia
電話：(603) 9057-8822 傳眞：(603) 9057-6622

封面設計 / 周家瑤
內文排版 / 新鑫電腦排版工作室
印刷 / 韋懋實業有限公司
經銷商 / 聯合發行股份有限公司
電話：(02) 2917-8022 傳眞：(02) 2911-0053
地址：新北市231新店區寶橋路235巷6弄6號2樓

■2025年1月初版1刷
定價 500 元

Printed in Taiwan
城邦讀書花園
www.cite.com.tw

圖片來源：alamy / 達志影像

ISBN 9786263903630
ISBN 9786263903609（EPUB）